이 책을 읽고 손자들에게 가르침을 주어야 할 때 어떻게 해야 유익한 대화를 나눌 수 있을지 많이 배웠고 실제로 즉각 적용하기도 했다. 스미스는 성경 말씀과 사례들을 적절하게 곁들여 우리가 아이들과 더 나은 방법으로 대화를 나누고 싶게 할 뿐 아니라 그 방법까지 친절하게 알려준다.

에드워드 웰치(Edward Welch), 기독교 상담교육 재단 교수이자 상담가

나와 비슷한 사람이라면 『은혜의 말로 자라나는 아이』(Parenting with Words of Grace)라는 제목을 보고 지레 '죄책감만 무거워질 책 같다'는 부담부터 느낄지 모른다. 하지만 그런 생각은 부디 접어두시라. 이 책은 제목 그대로 은혜를 끼치는 말로 가득하다. 부모인 우리에게 주는 은혜의 말씀이자, 늘 은혜를 끼치는 말로 대화한다는 것이 무엇인지 아시는 유일한 한 분 아버지의 자녀인 우리에게 주시는 은혜의 말씀이다. 또한 이 책에는 우리 영혼을 깊이 만족시키는 격려의 말도 가득하다. 저자 특유의 솔직하면서도 쾌활한 어조 덕분에 누구라도 즐거운 마음으로 이 책을 읽을 수 있을 것이다. 흔쾌히 이 책을 탐독하게 될 것이다.

엘리즈 피츠패트릭(Elyse Fitzpatrick),
『자녀 교육, 은혜를 만나다』(Give Them Grace, 생명의 말씀사 역간) 저자

풍성한 내용과 성경적 통찰로 번뜩이는 책이 바로 여기 있다. 성경을 사랑하는 사람들은 성경을 활용하고 적용하는 스미스의 방식을 기쁜 마음으로 음미할 수 있을 것이다. 부모들은 자녀 양육으로 힘들어하고 고민하는 사람이 자신 외에도 많다는 사실에서 위안을 얻을 것이고, 좋은 부모가 되는 법에 대한 유익한 조언을 얻을 것이다.

아지스 페르난도(Ajith Fernando), 스리랑카 십 대 선교회(Youth for Christ) 교육 책임자,
『기독교 지도자의 가정생활과 다문화 세계의 훈육』(The Family Life of a Christian Leader and Disciplining in a Multicultural World) 저자

이 책의 의도는 제목에 고스란히 담겨 있다. 스미스는 짧고 읽기 쉬운 내용으로 하나님이 부모들에게 베푸시는 놀라운 은혜를 소개하고, 그 은혜를 가족에게 적용하는 법을 이해하도록 도와준다. 이 책에 담긴 지혜는 부모들에게 여러 유익을 전해준다. 자녀들이 잘못해도 너그럽게 사랑으로 다가가게 해주고, 하나님을 의지함으로 자녀 양육의 성과를 거둘 수 있게 해주며, 자녀들이 시련을 만날 때 잘 이겨내도록 격려할 수 있게 해준다.

마티 마쵸스키(Marty Machowski), 펜실베니아 글렌밀스 소재 커버넌트 펠로우십 교회 행정 목사, 『복음, 그 길고도 짧은 이야기』(Long Story Short, 홈앤에듀 역간) 저자

개인적으로 자녀 양육에 관해 틀에 박힌 뻔한 방법서를 매우 싫어하는 편이다. 하지만 감사하게도 이 책은 그런 류의 책이 아니다. 스미스는 복음으로 자녀를 양육하는 일이 수학보다는 예술에 더 가깝다고 생각한다. 우리는 자녀를 양육할 때 방법론이 아니라 성령님을 더 의지해야 한다. 그는 부모라는 역할을 하나님께 받은 권위로 인식하는 데서 더 나아가, 말과 대화를 사용해 영원히 지속될 수 있는 그리스도 중심적인 관계를 형성하도록 돕는 역할로 보라고 촉구한다. 나 역시 이미 이 책으로 많은 유익을 누렸기에 이 책을 추천한다.

존 닐슨(Jon Nielson), 일리노이 로젤 소재 스프링 밸리 장로교 교회 목사이자
『복음 중심의 청소년 사역』(Gospel-Centered Youth Ministry) 공동 편집자

자녀와 건강하고 생동감 넘치는 관계를 영위하고 싶지 않은 사람이 누가 있겠는가? 나는 이런 관계를 진심으로 원한다. 스미스는 우리의 말과 대화가 자녀 양육에 어떤 영향을 미치는지 그리고 말을 통해 자녀들이 하나님을 볼 수 있는 통로로서 부모가 어떻게 사용될 수 있는지 설득력 있는 시각을 제시한다. 이 책을 읽고 아이들과 대화하고 싶다는 강한 도전을 받았다. 여러분도 그럴 것이다.

커트니 라이식(Courtney Reissig),
『일상으로 돌려드리는 영광』(Glory in the ordinary)의 저자

강력한 메시지를 담은 이 책은 큰 용기를 주었다! 스미스는 자녀들이 예수 그리스도와 살아 있는 지속적인 관계를 추구하도록 응원하고 격려하는 수단으로 말이 큰 위력을 지녔음을 강조한다. 그는 그동안 자녀와 대화하는 데 어려움을 겪은 부모들을 격려하고 앞으로 어떻게 대화를 나누어야 할지 알려준다.

쇼나 머레이(Shona Murray),
『회복: 끝없이 우리를 요구하는 세상에서 은혜를 힘입어 살아가는 삶』
(*Refresh: Embracing a Grace-Paced Life in a World of Endless Demands*) 저자

은혜의 말로
자라나는 아이

Parenting with Words of Grace
© 2019 by William P. Smith
Published by Crossway
a publishing ministry of Good News Publishers
Wheaton, Illinois 60187, USA

This Korean translation edition © 2021 by Timothy Publishing House, Inc., Seoul, Republic of Korea
Published by arrangement with Crossway through rMaeng2, Seoul, Republic of Korea
All rights reserved.

이 한국어판의 저작권은 알맹2를 통하여 Crossway와 독점 계약한 (주)도서출판 디모데에 있습니다.
신 저작권법에 의하여 한국 내에서 보호받는 저작물이므로 무단 전재와 무단 복제를 금합니다.

자녀의 마음을 얻는 말 자녀의 마음을 잃는 말
은혜의 말로 자라나는 아이

1쇄 발행 2021년 5월 18일
2쇄 발행 2023년 7월 25일

지은이 윌리엄 P. 스미스
옮긴이 김진선
펴낸이 고종율

펴낸곳 (주) 도서출판 디모데 〈파이디온선교회 출판 사역 기관〉
등록 2005년 6월 16일 제 319-2005-24호
주소 서울특별시 서초구 서초대로 141-25(방배동, 세일빌딩 8층)
전화 마케팅실 070) 4018-4141
팩스 마케팅실 02) 6919-2381
홈페이지 www.timothybook.com

값 14,500원
ISBN 978-89-388-1673-3 03230
© 2021 도서출판 디모데 All rights reserved. 〈Printed in Korea〉

자녀의 마음을 얻는 말
자녀의 마음을 잃는 말
은혜의 말로
자라나는 아이

윌리엄 P. 스미스 지음
김진선 옮김

차례

추천의 글 · 12

들어가는 글 · 19

1부 비전

1장 | 자녀 양육은 초청이다 · 27
2장 | 대화는 구애하는 것이다 · 38
3장 | 소외된 친구들에게 말을 거시는 예수님 · 45
4장 | 덧붙이는 이야기: 신성한 공간 · 53
5장 | 아무 보장 없이 하는 대화 · 60
6장 | 말씀으로 받은 은혜로 대화하다 · 69
7장 | 덧붙이는 이야기: "차에 타" · 77
8장 | 부모와 자녀는 많은 대화를 나누어야 한다 · 85
9장 | 덧붙이는 이야기: 할머니의 장례식 · 94

2부 소망

10장 | 때로 대화하기가 싫다 · 103

11장 | 하나님을 제대로 대리하지 못한 아브라함 · 112

12장 | 하나님이 아브라함을 대변하시다 · 120

13장 | 예수님이 우리를 대변하신다 · 126

14장 | 하나님께 나아가 아뢰다 · 135

15장 | 입을 잘못 사용한 죄를 회개하라 · 141

16장 | 하나님의 말씀을 듣다 · 145

17장 | 자녀에게 말씀으로 다가가다 · 152

18장 | 진실과 사랑으로 말하기 · 161

3부 격려의 기술

19장 | 우리는 언제 격려해야 하는가? · 173

20장 | 격려에는 시간이 필요하다 · 183

21장 | 서로 장점을 드러내고 칭찬하는 분위기를 만들라 · 190

22장 | 잠재되어 있는 긍정적인 장점을 찾아보라 · 201

23장 | 격려하다가 지치면 격려를 받으라 · 210

4부 정직의 기술

24장 | 정직해야 하는 이유: 다른 사람을 구조하기 위해 · 221

25장 | 말하기 전에 생각하라 · 229

26장 | 참여를 이끌어내도록 거울 역할을 하라 · 238

27장 | 마음을 겨냥하라 · 246

28장 | 연약한 자리로 먼저 나아가라 · 254

29장 | 우리의 실수와 상처로 다리를 만들라 · 263

30장 | 자녀의 실수를 당연하게 받아들이라 · 272

31장 | 덧붙이는 이야기: 직선타를 진짜 잡아낸 게 맞니? · 285

32장 | 용서하는 삶을 진정으로 바라는 이유 · 290

나가는 글 · 부모는 하나님의 확성기 · 297

캐시, 팀, 대니에게

이렇게 살아올 수 있었던 것도,
이 책이 나올 수 있었던 것도 모두 너희 덕분이야.
너희가 있기에 이 책은 물론이고
나의 인생이 훨씬 풍요로워졌단다.

추천의 글

어떤 책들은 많은 정보를 담고 있고, 때로는 새로운 정보로 우리 인생을 바꾸어놓기도 한다. 혹은 우리를 따끔하게 질책하는 책도 있다. 우리는 더 정확하게 자신을 바라보고 더 겸손한 마음으로 행동을 돌아보도록 대화에 끼어들어 우리를 도와줄 누군가가 필요하다. 또 어떤 책들은 희망을 선사한다. 누구나 경험해보았겠지만, 희망이 보이지 않고 희망이 없으니 기뻐할 이유를 찾지 못하는 경우가 허다하다. 아무 기쁨이 없을 때는 타락한 세상에서 우리 몫의 힘들고 고된 일들을 감당하는 데 필요한 의욕도 사라진다. 이 책은 이 모든 일에 매우 유익하다. 그런 점에서 저자에게 감사하지 않을 수 없다.

나는 누군가의 아버지이고 내 자녀들은 모두 성인이 되었다. 하지만 여전히 그들과 대화를 나누어야 하기 때문에 이 책은 매우 유익했고 힘이 되었으며 많은 도움을 주었다. 이 책을 읽으면서 지난날 자녀를 키우며 겪었던 수많은 장면이 머릿속을 스쳐지나갔다. 어떤 장면에서는 저절로 감사하는 마음이 들었고, 다른 장면에서는 웃음이 났으며, 또 어떤 장면들은 가슴이 아프기도 했다.

이 장면들을 음미하면서 떠오른 네 가지 생각을 나누어보겠다.

 가장 먼저 딸 니콜과 처음 대면한 순간이 떠올랐다. 니콜과 처음 만난 순간은 영원히 잊지 못할 기억으로 남아 있다. 우리는 니콜을 입양했다. 필라델피아 공항의 게이트 앞에서 처음 니콜을 보았다. 당시 4개월 된 아기였던 니콜을 데리고 온 사람은 아이가 우리 쪽을 바라보도록 안고서 우리에게 다가왔다. 방실방실 웃고 있는 작은 얼굴을 보자 우리는 감동으로 가슴이 벅차올랐다. 하지만 그 사람이 이 작은 생명체를 우리 품에 안겨주고 시야에서 사라지자 우리는 갑자기 엄청난 부담감에 휩싸였다. 순식간에 한 생명이 우리 손에 맡겨졌고 돌볼 책임을 오롯이 떠안게 된 것이다. 한 아이의 부모가 된다는 것이 무슨 의미인지 잘 알기에 우리는 피할 수 없는 부담감과 책임감으로 그때까지 경험해보지 못한 심한 중압감을 느꼈다. 하나님은 우리 손에 한 생명을 맡겨주셨다. 우리가 어떤 결정을 내리고 어떤 관계를 맺으며 어떻게 행동하고 어떤 말을 하느냐에 따라 그 인생이 좌우될 철저히 의존적인 어린 영혼을 우리 손에 맡겨주신 것이다.

 우리 품에 안긴 아이는 부모인 우리를 통해 형성된 자아관을 갖게 될 것이고, 하나님을 아는 지식을 얻게 될 것이다. 관계에 대한 시각 역시 우리에게서 결정적 영향을 받을 것이고, 옳고 그름에 대한 의식도 우리가 좌우하게 될 것이다. 그리고 이 모든 것은 이 아이와 우리가 나눌 수없이 많은 상호 작용으로 형성될 것이다. 우리는 이 아이의 부모가 되기에 턱없이 부족하고 아직 준비가 되어 있지 않다는 생각으로 마음이 무거웠다. 우리는 이 어린 아이의 인생에서 하나님의 대리자 역할을 잘 감당하도록 은혜를 달라고 간구했다. 다른 곳에서도 소개한 적이 있지만, 한 영혼이 형성되는 일에서 하나님의 도구가 되는 것보다 인생에서 더 중요한 일이 없다는 생각이 저절로 들었다.*

둘째, 말이 지닌 놀라운 위력을 되새겼다. 하나님은 말씀으로 무에서 이 신비한 우주를 창조하셨다. 말씀으로 구속의 이야기와 그 이야기를 해석할 진리를 우리에게 계시해주셨다. 예수님은 말씀으로 아버지의 마음을 보여주셨고 그 나라의 본질을 알려주셨다. 또한 말씀으로 병든 자들을 고쳐주시고 죽은 사람들을 살려주셨다. 사도 바울은 말로 은혜와 은혜가 작동하는 방식을 설명해주었다. 사탄은 말로 하나님의 지혜와 선하심을 의심하게 하고 그분이 정해두신 경계선을 어기도록 유혹한다. 말은 엄청난 위력을 지녔다.

우리는 말로 아이를 울릴 수 있다. 좌절한 아이를 더 깊은 좌절에 빠지게도 할 수 있다. 소외감을 느끼며 외로워하는 아이가 사랑받고 용납받는 존재로 스스로를 인식하도록 도와줄 수 있다. 아이의 마음에 적개심이 불타오르게 할 수도 있고, 아이의 혼란

---

* Paul Tripp David, *Parenting: 14 Gospel Principles That Can Radically Change Your Family* (Wheaton, Il: Crossway, 2016, 21). (『완벽한 부모는 없다』 생명의말씀사 역간)

스러운 감정의 폭풍을 잠재울 수 있다. 말로 우리는 영적으로 보지 못하는 아이가 하나님을 보게 해줄 수 있다. 또한 엇나가는 아이가 올바른 길을 찾아가도록 용기를 줄 수 있다. 깨어진 관계를 회복하는 과정이 말로 시작될 수 있다. 아이가 과거를 해석하도록 말로 도와줄 수 있고, 미래에 필요한 경고를 해줄 수 있다.

말은 위력이 있다. 우리는 자녀에게 말을 건넬 것이고, 우리가 하는 말은 항상 자녀의 마음과 머리에서 일종의 열매를 거둘 것이다.

셋째, 사실을 말하는 것이 항상 능사는 아니다. 이 말을 의아하게 생각하는 사람도 있겠지만, 나는 이 책을 읽고 나서 이 개념을 이해하는 것이 얼마나 중요한지 새삼 깨달았다. 사실이나 진리는 놀라운 은혜의 도구가 될 수도 있고 파멸의 무기로 사용될 수도 있다. 자녀에게 사실을 말해줄 수 있지만 상처를 줄 의도로 그렇게 해서는 안 된다. 사람들이 보고 있는 공개적인 상황에서 사실을 말함으로 불필요하게 아이를 당혹스럽게 하는 결과를 낳을 수도 있다. 사실을 말함으로 결과적으로 아이가 과거의 잘못에서 더 이상 벗어나지 못하게 만들 수도 있다. 진실은 보복의 수단이 될 수도 있고 용서의 수단이 될 수도 있다. 누군가를 무너뜨리는 도구가 될 수도 있고 세워주는 도구가 될 수도 있다. 또한 누군가의 마음을 열게 할 수도 있고 오히려 더욱 방어적으로 만들 수도 있다. 자녀를 양육할 때 사실이나 진실 혹은 진리라는 도구를 어떻게 사용하는지는 너무나 중요하다.

이런 이유로 성경은 우리에게 '사랑으로 진리를 말하라'(엡 4:15)고 권면한다. 혹은 오직 "듣는 자들에게 은혜를 끼치게"(엡 4:29) 말하라고 한다. 부모라면 자녀의 면면을 잘 파악하고 있을 것이다. 자녀의 성격과 장단점, 과거에 내린 선택들, 예민하고 취약한 부분, 성숙의 정도, 영적 상태, 인생 최고의 순간과 최악의 순간들을 알고 있을 것이다. 하나님이 자녀와 나누도록 계획하신 수많은 만남의 순간과 매일 맺어가는 관계를 통해 자녀에 관해 알게 된 진실을 사용하는 방법은 그 중요성을 아무리 강조해도 지나치지 않다.

넷째, 하나님이 부모로서 행하고 말하도록 맡겨주신 일을 감당할 능력이 우리에게는 없다. 여전히 죄의 지배를 받는 인간은 하나님이 부르신 대로 행하고 말할 수 없다. 자녀의 인생에서 하나님의 지혜와 구원과 변화시키는 은혜의 도구로 말을 사용하고자 한다면, 계속 반복해서 일어나야 하는 일이 있다. 곧, 스스로에게서 구조받는 일이다. 우리는 자녀들에게서가 아니라 자기 자신에게서 구조를 받아야 한다.

우리 입에서 나오는 말이 자녀의 됨됨이와 그동안 아이들이 보여준 행동과 태도에 따라 좌우되는 것이 아니라, 우리 인격이 반영된 것임을 겸손하게 인정해야 한다. 우리가 부모로서 하는 말이 구원하시고 용서하시는 하나님의 은혜가 매순간 절실히 필요하다는 반증임을 인정할 은혜가 필요하다. 자녀의 잘못보다는 우리 안에 여전히 힘을 발휘하는 죄에 관심을 기울일 수 있는 은혜가 필요하다. 또한 자신이 은혜가 절실히 필요한 존재라고 고백하는 부모만큼 사랑과 인내로 은혜를 베풀기에 적합한 사람은 없음을 기억해야 한다. 마지막으로, 하나님은 우리에게 능력을 주신 뒤에야 우리를 소명하여 부르시며, 우리를 어디로 보내시더라도 반드시 우리와 함께하시는 분임을 기억해야 한다.

이 책을 읽으면서 이 네 가지를 새삼 더 분명하게 확인할 수 있었다. 또한 이 책이 용기를 주는 유익한 책이라고 생각한 이유도 바로 이 네 가지 내용 때문이다. 윌리엄 스미스는 부모라는 소명의 중요성을 잘 알고 있으며 말의 힘도 잘 이해한다. 또한 진실을 말하는 것이 항상 유익하지 않다는 사실과 모든 부모가 하나님이 끊임없이 공급하시는 풍성한 은혜에 철저히 의지해야 한다는 점을 제대로 알고 있다. 이런 이유로 이 책은 자녀뿐만 아니라 우리가 만나는 모든 사람에게 어떻게 말해야 하는지에 대한 사고방식을 바꾸어줄 것이라고 자신 있게 이야기할 수 있다. 이 책을 읽으면서 얻은 또 다른 유익이 있다. 예수님의 인격과 함께하심과 능력과 은혜에 더욱 깊이 감사하게 되었다는 것이다. 당신도 같은 유익을 얻으리라 생각한다.

나는 부모에게 예수님의 은혜를 일깨워주는 책이라면 흔쾌히 추천하고 있다. 그 은혜를 늘 인식하며 살아가면 자녀를 대하거나 자녀에게 말하는 태도가 달라질 것이라고 생각하기 때문이다. 이 책은 그동안 읽었던 모든 자녀 양육서와 마찬가지로 이 부분을 세심하게 건드린다. 부디 모든 독자가 하나님이 맡기신 이들의 삶에 더 예리한 은혜의 도구로 쓰임받도록 이 책에 담긴 지혜로운 조언이 귀하게 사용되기를 소망한다.

폴 데이비드 트립

들어가는 글

아들과 나는 거실에서 질세라 서로 노려보고 있었다. 분위기가 점점 더 험악해졌고, 대화가 쉽게 이어지지 않았다. 혹여 누구라도 곁에 있었다면 두 사람이 하나같이 입장을 굽히지 않고 서로 응수할 때마다 더욱 팽팽해지는 긴장의 수위를 고스란히 느꼈을 것이다. 우리 표정에 그 긴장감이 여실히 묻어나 있을 것이고, 말투와 사용하는 단어에서 조금도 지지 않으려고 신경전을 벌이는 모습이 보였을 것이다. 아직 상황이 통제 불능으로 치닫지는 않았지만 대화가 건강한 방향으로 흘러갈 낌새는 전혀 보이지 않았다.

그러다가 신경전이 최고조에 도달한 순간 불현듯 이런 생각이 들었다. '정말 신중해야 할 때야. 지금 무슨 말을 하느냐에 따라 오늘뿐 아니라 앞으로 이 아이와 나의 관계에 결정적 영향을 미칠 거야.' 그 깨달음의 순간은 아이에게 신중히 말해야겠다고 결심하는 계기가 되었다. 서로에 대한 부정적 감정이 금방 해소되지는 않았지만 바야흐로 거실의 공기가 조금씩 바뀌기 시작했다. 이제 우리는 더 이상 서로에게 감정의 수위를 높이지 않고 해결책을 찾아내려고 조금이나마 노력하고 있었다. 앞으로 우리 두 사람의 관계와 서로에게 바라는 희망 사항을 생각하다 보니 감정을 절제할 수 있었고 방향을 전환하는 데 도움이 되었다.

그 대화의 순간은 특별히 감동적이었다. 하지만 본질적으로는 여느 대화의 순간과 다를 바가 없었다. 어떤 말을 하거나 하지 않느냐는 그 말을 하는 태도와 더불어 주변 사람들이 우리와 더 멋진 관계를 누리도록 이끌 수도 있고, 그들에게 우리와 상종하지 말아야 한다는 경고 신호를 줄 수도 있다. 모든 대화에는 다음과 같은 무언의 질문이 포함되어 있다. '바로 지금 우리가 나누는 대화에 비추어볼 때 앞으로 나와 지속적인 우정을 쌓아가고 싶은 마음이 생길 것 같나요?'

대화가 이런 무언의 초청을 한다는 사실을 깨닫자 그 순간뿐만 아니라 그 이후의 수많은 대화에서 아들에게 하고 싶은 말이 생겨도 신중해지게 되었고 배려하는 태도로 말할 수 있게 되었다.

대화에 이런 무언의 초청이 포함된다는 사실을 깨닫자 마음이 매우 무겁고 괴로웠다. 아이에게 그동안 얼마나 파괴적이고 부정적인 말을 내뱉었을지, 얼마나 상처를 주었을지 헤아리기조차 어렵다. 더욱 심각한 문제는 이런 사실을 너무 늦게 깨달아서 이미 상처로 얼룩진 과거를 아이에게서 지울 수 없을 뿐 아니라, 이 사실을 깨달았다고 해서 그 이후로 아들과 나누는 대화가 늘 건강하게 이루어지지도 않았다는 것이다. 그날 이후로도 서로 진솔하게 대화하지 못하고 아들에게 상처를 준 적이 셀 수 없을 정도로 많았다.

그러나 그렇다고 해서 완전히 절망하지는 않는다. 감사하게도 우리와 우리의 말에 적용되는 원리가 하나님께도 그대로 적용된다. 하나님은 우리에게 말씀하실 때 자신의 성품과 속성을 드러내시고, 어떻게 관계를 맺으시는지도 보여주신다. 우리는 이런 상호 작용으로 하나님이 우리를 대하시는 법을 배울 수 있고, 그분을 신뢰할 이유를 확인할 수 있다. 특별히 우리가 자녀와 서투르게 대화하는 경우처럼 하나님이 싫어하시는 일을 하는 우리를 어떻게 대해주시는지 배울 때 그렇다.

하나님은 우리의 약점과 미성숙함, 오만과 무지와 두려움, 심지어 누군가를 쉽게 믿지 못하는 우리의 특성을 고려하시면서 말씀하신다. 우리는 그런 하나님에게서 참된 지식을 소유하는 것이 무엇인지 아는 분을 본다. 우리 죄를 따라 갚지 않으시고 못난 모습도 너그럽게 받아주시는 분을 본다.

따뜻하지만 단도직입적으로 말씀하실 때, 하나님은 우리에게 그분을 신뢰하고 결과적으로 그분과 더욱 깊은 관계를 맺고 싶어 할 이유를 주신다. 하나님의 말씀으로 복음을 경험하면서 우리는 그분과 오랜 시간 지속될 관계를 맺는다. 그분이 우리에게 하시는 말씀을 들을 때 우리는 하나님처럼 자녀와 대화하는 법을 배울 수 있다. 그리고 자녀 역시 부모의 실수와 허점에도 그 진심을 알고 대화를 이어나가고 싶어 할 수 있다.

이 책의 1부 '비전'에서는 하나님의 말씀처럼 우리의 말이 어떤 면에서 장기적인 관계를 맺게 할 수 있고, 반대로 오히려 관계를 중단하게 할 수 있는지 살펴볼 것이다. 관계는 유동적이다. 계속 변화되어간다. 우리가 하는 모든 대화는 관계에 영향을 미치고 이런저런 방향으로 관계를 이끌어간다. 부모와 자녀가 나누는 수많은 대화는 둘 사이에 장기적이고 보람된 관계를 즐거이 세워나가도록 매일 주어지는 기회다. 이런 종류의 관계는 무엇보다 언어라는 선물을 우리에게 주실 정도로 인간과 소통하기를 원하시는 하나님과 향유할 수 있는 관계의 모델을 보여준다.

2부 '소망'에서는 자녀와 긍정적인 관계로 나아가는 말을 매순간 사용하지 못하는 괴로운 현실을 인정한다. 자녀와 행복한 미래를 이어갈 수 있다는 확신을 얻기 위해서는, 과거에 저지른 실수가 미래를 좌우하지 않는다고 믿을 근거가 필요하다. 자녀와 맺은 관계가 회복이 불가능할 정도로 무너지지 않으리라는 희망이 필요하다.

우리에게 필요한 자신감은 하나님이 실패한 우리를 그대로 두지 않으신다는 사실을 확인할 때만 생길 수 있다. 하나님은 좌절에 빠진 우리를 그대로 방치하지 않으시고 계속 관계를 이어가시고, 기대하셨던 부모가 되어가도록 우리 인생에 개입하셔서 회복시켜 주신다. 우리가 실패한 후에도 올바른 삶의 모습을 보여주러 찾아오셔서 우리와 맺은 관계를 회복시키실 뿐만 아니라, 우리가 자녀와 맺었던 관계와는 비교조차 되지 않는 아름다운 관계를 누리게 해주신다.

3부와 4부에서는 '사랑 안에서 진리를 말하라'는 바울의 포괄적 명령을 지침으로 삼아 그 관계를 이루는 데 필요한 기술을 살펴볼 것이다. 이 두 단원에서는 우리가 자녀에게 하는 말과 우리가 하나님께 들었던 말씀을 다시 연결하는 작업을 이어갈 것이다. 오직 이 복음을 의지하여 말할 때만 복음으로 풍성한 내용을 전할 수 있고, 이를 통해 자녀가 복음 중심적 관계를 영위하도록 이끌 수 있다.

3부 '격려의 기술'에서는 상대방을 배려하지 않고 무분별하게 진실을 말하는 대화, 다시 말해 사랑으로 "진리"를 말하지 않는 대화를 예방할 방법을 알아볼 것이다. 사랑이 아닌 다른 동기로 사실을 말하고 싶은 마음이 들 때 자녀를 무너뜨리지 않고 오히려 세워줄 수 있는 진리를 말하는 법을 배워야 한다.

4부 '정직의 기술'에서는 상대방이 싫어할까 두려워서 진리를 말하지 못하는 정반대 문제를 살펴본다. "사랑" 때문에 진리를 외면하는 것이다. 이런 경향이 있는 사람은 유해한 상황에서 돌이킬 강한 힘을 자녀에게 심어주고 싶다는 열망이 생길 것이다. 또한 용기를 내서 진실을 말하는 법을 배우고 싶을 것이다. 설령 그렇게 해서 어색한 순간이 찾아오더라도 말이다.

이제 본론으로 들어가기 전에 용기를 북돋워줄 한 가지를 더 말하고자 한다. 자녀와 건강한 관계를 맺고 나서야 복음에 근거한 대화를 시작할 수 있는 것은 아니라는 사실이다. 관계가 회복되지 않은 상황에서도 자녀와 아름다운 미래를 함께하리라는 희망을 품고 대화를 시작할 수 있다. 복음에는 반드시 긍정적인 출발점이 필요하지 않다. 중립적인 출발점도 필요 없다. 사실 복음은 주로 깨어진 인간관계에서 자리 잡기 시작한다. 복음은 망가진 인간관계에서 오히려 번성한다.

이 사실을 이미 잘 알고 있을 것이다. 우리 인생을 보더라도 복음은 절망적인 지점에서 시작되었다. 우리는 하나님과의 관계를 스스로 망치고 도무지 자기 힘으로는 빠져나올 수 없는 깊은 구덩이를 팠다. 하나님은 그런 우리에게 찾아오셨고, 그렇게 대화가 시작되었다. 하나님은 우리 사이에 긍정적인 대화 조건이 마련되고 나서야 우리 삶에 뛰어들지 않으셨다. 하나님과 우리의 관계가 과거 모습 그대로 유지될 필요가 없음을 믿으시고, 오히려 낙관적인 시각으로 우리 인생에 개입하셨다. 하나님과 우리 관계가 이전보다 더 나아지리라는 보장은 오직 그분의 개입으로만 얻을 수 있다.

마찬가지로, 자녀와 맺은 관계가 상처로 얼룩지고 망가졌다 해도 대화로 개입하여 무너지고 상처 입은 과거의 영향을 되돌려서 더 나은 미래로 나아가게 할 수 있다. 자녀에게 하나님과 함께하는 미래를 맛볼 수 있는 더 나은 미래를 선사할 수 있다.

1부

비전

자녀 양육은 수많은 상호 교류로 이루어진다.
이를 통해 우리는 장차 동등한
인생의 동반자가 될 이들에게 그들 자신의 선택으로
지속적 관계를 맺어가자고 초청하는 것이다.

1장

자녀 양육은 초청이다

자녀 양육은 가시적인 결과를 낳는 일이 아니다. 일종의 구애 행위다.

　엄마들을 대상으로 자녀 양육 강의를 한 적이 있다. 강의가 끝나자 한 여성이 다가와 이렇게 말했다. "그동안 아이들을 왜 그렇게 사랑으로 대해주지 못했는지 이제 알겠어요. 이제부터 말이나 행동을 더 상냥하고 친절하게 한다면 아이들과 훨씬 좋은 관계를 맺을 수 있겠죠?"

　지금 생각해보면 그 여성이 그렇게 특별한 경우는 아니었다. 하지만 그녀는 내가 강의에서 강조하려고 했던 핵심에서 멀리 떨어져 있었다. 자녀 양육의 핵심은 가정의 상황이 더 나아지는 것이 아니다. 물론 서로 사이가 조금은 더 좋아질 것이고, 문제가 더

수월하게 해결될 수도 있을 것이다. 그것은 목표가 아니지만 그녀는 그렇게 되기를 원했다. 한 번 숙달한 뒤에는 적정한 시간과 노력을 투자하기만 해도 일정한 결과를 보장해주는 일종의 방법론을 구하고 있었다. 효과적인 무언가를 원한 것이다.

자녀 양육은 '효과를 내는 일'이 아니다. 자녀 양육은 결과를 보장할 수 없는 상태에서 시간과 에너지를 투자하라고 요구한다. 관계도 마찬가지다. 자녀에게 자신을 쏟아부어야 하고, 자녀를 중심으로 생활해야 하며, 자녀를 위해 희생하고, 자녀에게 맞추어 우리 세계를 조정해야 하지만 그들이 제대로 부응할지 전혀 보장받을 수 없다는 사실은 우리를 아연실색하게 한다.

사실이 이러하다면 누가 이런 노력을 하겠는가? 나는 싫다. 확실한 결과가 보장되기를 원한다. 제대로 대화하고 제대로 노력하면 아이들이 긍정적으로 반응하고, 최소한 내가 원하는 결과를 얻을 수 있다는 확신을 얻고 싶다. 그러나 확실히 보장된 것은 전혀 없다. 이런 말을 듣고 싶어 할 사람은 없을 것이다. 최소한 나는 듣고 싶지 않다.

우리만 이런 생각을 하는 것은 아니다. 한 아빠는 그것을 이렇게 표현했다. "옳지 않다고 생각하지만, 결과가 확실하다는 확신이 생길 때 대화를 시작하고 싶습니다. 내 말이 효과를 볼 수 있다는 확신이 들어야 승부수를 띄울 겁니다. 하지만 그런 확신이 없다면, 결과가 보장되지 않는다면, 회피하고 외면하고 싶습니다.

무슨 말을 할지 주저하게 되는 겁니다." 그는 긍정적 결과를 거둘 가능성이 높은 무언가를 찾고 있다. 투자하기 전에 결과가 보장되기를 바라는 것이다.

우리 중 많은 이도 비슷한 것을 원할 것이다. 그러나 자녀 양육은 특정한 결과를 얻기 위해 해야 할 적절한 말이나 행동을 고민하는 문제가 아니다. 자녀 양육은 사랑하는 사람과 관련된 일이다. 누군가를 사랑하는 일에 대해 고민해보면, 100퍼센트 효력을 발휘하는 공식 따위는 존재하지 않는다는 사실을 깨닫는다. 다시 말해 우리의 투자와 노력에 대해 확실한 보상이 전혀 보장되지 않는다는 것이다.

상담가이자 목회자로서(그리고 부모로서) 오랫동안 활동하며 경험한 바에 따르면 사람들은 대부분 그런 보상을 원한다. 당장 눈앞에 가시적인 결과가 나타나기를 원한다. 그래서 친구들이나 멘토들에게 조언을 구하고, 관련된 책을 읽으며, 세미나를 듣고, 결실을 거둘 수 있다고 약속하는 전략들을 찾아다닌다.

그들은 자녀 양육과 관련해서 구체적인 문제들을 들고 온다. 주로 아이들이 부모가 제지해야 하는 행동을 하고 있다거나, 부모가 바라는 일을 하지 않는 등의 문제다. 그런 다음 그들은 문제가 해결되리라 장담하는 방법을 찾아 헤맨다.

그러나 거기에는 함정이 숨어 있다. 자녀 양육을 자녀가 일으킨 문제를 어른의 주도로 해결하는 것이라고 규정한다면, 자녀를 제자리로 돌려놓는다는 차원으로 접근할 것이다. 그럴 경우 자녀 양육은 부모의 욕망과 자녀의 행동으로 유발된 가정의 긴장을 종식하고자 하는 부정적 상호 작용이 된다.

그렇다면 이 함정을 어떻게 피할 수 있는가? 일단 오직 해야 할 일이나 해서는 안 되는 일이라는 차원에서만 사고하는 습성을 거부해야 한다. 문제에만 시선을 고정하지 말고 자녀라는 인격체를 바라보아야 한다. 그렇게 하면 단순히 행동의 차원에서만이 아니라 관계의 차원에서 생각할 수 있다.

또한 자녀에게 바라거나 원하는 것에 집착하기보다 그 순간 자녀를 사랑한다는 의미가 무엇인지 생각하게 된다. 자녀와 건강한 관계를 가꾸어갈 수 있는 희망은 그들을 인격을 지닌 한 개인으로 보고 존중할 때만 생긴다. 그렇다면 '그들은 누구인가'라는 가장 근본적인 문제를 고민하는 작업부터 시작해야 한다. 그들의 가장 근본적인 정체성은 무엇인가?

무엇보다 그들은 우리의 소유물이 아니다. 그들은 하나님의 소유다. 하나님이 그들을 만드셨고 그들에 대한 일차적인 책임도 하나님이 지신다. 부모는 자녀에 대해 이차적인 책임, 그것도 일시적으로 돌볼 책임을 부여받았을 뿐이다.

그들은 우리의 자녀지만, 달리 말해 우리의 몸에서 나왔지만 그들 자체로 독립적이고 고귀한 존재다. 하나님은 그들을 만드실 때 우리와 상의하신 적이 없다. 자녀의 기질과 덕성, 재능과 은사, 혹은 약점과 취약한 부분이나 고민 등 그 어떤 것도 부모가 선택하지 않았다.

그런 의미에서 자녀는 우리의 축소판이 아니다. 부모의 면을 세워주고 부모의 욕망을 대리 만족하게 해주는 존재도 아니다. 또한 성년이 되어 스스로 살아갈 수 있을 때까지 선한 행동을 하도록 사회화가 필요한, 아직 인간이 덜 된 존재도 아니다. 그들은 부모와 독립된 존재로서 부모와 관계를 누리는 하나님의 형상이다.

다시 말해 그들은 영원한 존재다. 생명의 불이 켜졌고 이제 그 불이 영원히 꺼지지 않을 존재다. 바로 당장 우리와 자녀의 성숙의 차이를 생각해보라. 그 격차가 아무리 크다 해도 시간이 갈수록 그 차이는 무의미해질 정도로 계속 줄어들 것이다. 어쩌면 많은 부분에서 부모를 뛰어넘게 될 것이다. 미래를 생각해보라. 부모와 자녀가 모두 1만 살이 될 때 우리가 24년 더 빨리 인생을 시작했다는 사실이 무슨 의미가 있겠는가? 하나님이 설계하신 대로 자녀들이 자라고 성숙해질수록 부모와 자녀는 인생을 함께하는 동료가 될 가능성이 더 커진다.

그러므로 자녀 양육은 이 동료들에게 투자한다는 의미를 지닌다. 그들이 내 세계의 중심이 된다거나 내가 그들 세계의 중심이 되게 해서는 안 된다. 오히려 자녀 양육이란 두 인격적인 존재 사이에 이루어지는 상호 작용의 총합이다. 그러한 상호 작용을 통해 나는 나보다 어린 인격자를 꾸준히 관계로 초청하며, 둘 사이에 있는 성숙의 격차를 점차 줄여가게 된다.

하나님은 우리를 초청하시고 우리는 자녀를 초청한다

하나님의 백성에게 희소식이 있다면, 우리가 이미 이런 종류의 관계를 알고 있다는 사실이다. 이제 막 하나님을 알아가고 있는 수준일지라도, 우리는 이전처럼 자신의 시각을 따르기보다 하나님의 시각에 맞추어 상황을 바라보게 되었다. 우리가 성장해서 그 차이가 줄어들었기 때문이다. 하늘의 아버지가 우리를 양육하시기 때문에 이 차이는 앞으로도 계속 줄어들 것이다.

사도 바울은 하나님의 백성이 어떻게 자라가는지 말해준다. 하나님의 백성은 공동체적으로 한 몸을 이루어 그 머리이신 그리스도와 같은 수준의 성숙함에 이르기까지 성장하기를 멈추지 않는다(엡 4:15). 아삽은 시편에서 인간이 신이라고 모호하게 주장하며 우리가 생각보다 훨씬 중요한 존재임을 암시한다(시 82:6). 한편 베드로는 하나님의 능력으로 이제 그분의 거룩한 성품에 참여할 수 있다고 직접적으로 선언한다(벧후 1:3-4, 또한 갈 2:20, 요일 3:2을 참고하라).

우리는 하나님이 될 수 없다. 하나님과 동등한 존재가 될 일도 없다. 그러나 하나님은 우리가 그분의 성품에 참여할 수 있도록 장기적인 관계를 계획하셨다. 그분과 동등하지는 않지만 그분께 걸맞은 파트너가 되도록 계획하셨다(엡 5:31-32). 우리는 미래에 시선을 고정한 채 현재 하나님과 상호 교류하면서 성장해간다. 이 상호 작용은 대부분 그분이 하시는 말씀을 들을 때 이루어진다. 기도할 때 하나님과 소통할 수 있고, 성경의 말씀을 통해 더욱 선명하게 소통할 수 있다.

하나님은 말씀하시는 분이고, 말씀하실 때마다 자신을 계시해주시기 때문에 우리는 순간순간 그분과 더욱 가까워지게 된다. 하나님은 자신이 어떤 분인지 말씀해주신다. 그분이 소중히 여기시거나 의미를 부여하시는 것이 무엇인지 알려주신다. 그분이 어디에 집중하시는지 그리고 인생에서 무엇을 필수적이라고 여기시는지 말해주신다.

또한 하나님의 말씀은 그분이 어떻게 관계 문제에 접근하시는지 알려준다. 그분이 사람들을 어떻게 대하시는지, 관계에서 어떤 열매가 맺히기를 기대하시는지 그리고 사람들의 삶에서 그분이 맡으신 역할과 사람들이 그분과 관련하여 맡은 역할은 무엇인지 보여준다. 더불어 말씀은 우리가 올바로 행동할 때만 하나님이 우리를 선대하시는 것이 아님을 알려준다. 하나님은 우리가 제대로 처신하지 못할 때도 우리를 선대하신다. 우리 죄를 따라 갚지 않으시고, 자격이 없어도 우리를 후하게 대해주시며, 항상 긍휼한 마음으로 그리고 직접적으로 우리에게 말씀하신다. 우리가 바라는 대로 우리에게 말씀해주시고 그분을 더욱 사모할 이유를 주신다.

하나님이 한 인격체로서 어떤 분이며 사람들과 어떻게 관계를 맺으시는지 묵상하다 보면 이런 생각이 들 수 있다. '저런 분은 좋아할 수 있어. 하나님이 저런 분이라면 또 사람들을 저렇게 대하시는 분이라면 하나님과 더 자주 만나고 싶어. 더 가까이 가고 싶어. 더 세세하게 하나님을 알고 싶어.'

그런 생각이 들면 하나님의 말씀이 단순히 현재의 순간에만 우리에게 관여하는 것이 아님을 깨닫는다. 그분의 말씀에는 미래를 향한 무언의 질문이 내포되어 있다. '내가 지금 한 말을 들으면 내가 앞으로도 더 알고 싶은 존재라는 생각이 드는가? 내가 너를 대하는 태도를 보면 앞으로도 오랫동안 관계를 지속하고 싶은 마음이 생기는가?'

하나님의 말씀은 그분을 신뢰할 이유를 알려준다. 우리는 성경을 통해 연약하고 상처 입은 사람들, 세상과 타협했거나 위험에 빠진 사람들을 향한 하나님의 말씀을 듣고 그분이 그들을 나쁘게 이용하지 않으신다는 사실을 깨닫는다. 하나님은 그들을 짓밟고 괴롭히지 않으신다. 멀리하지 않으신다. 그들을 미워하지 않으신다. 관계를 단절하지 않으신다. 오히려 말씀을 사용하셔서 더 놀라운 관계를 가꾸어가신다.

하나님이 말씀하실 때 우리는 복음의 은혜를 경험한다. 복음의 은혜로 변화되어 그 은혜의 일부가 되고, 그로써 그분의 말씀이 우리의 일부가 된다. 그러면 우리는 하나님이 우리에게 말을 거셨던 것처럼 주변 사람들에게 말을 걸게 된다.

우리와 하나님 사이에 작용하는 동일한 관계의 역학이 우리와 자녀 사이에도 적용된다. 대화할 기회가 생길 때마다 우리는 하나님이 알려주신 것과 정확히 같은 내용을 그들에게 전달한다. '나는 한 인격체로서 이런 사람이란다. 나는 이러이러한 가치를 중시하고 이러저러한 점을 중요하게 생각해. 인생에 대해서는 이렇게 생각하고 너에 대해서는 이렇게 생각한단다.'

또한 관계와 관련해 어떤 생각을 하는지도 전한다. '관계에 관해서는 이렇게 생각해. 사람들을 대하는 방식은 이러저러하고, 대화는 이러저러한 관점으로 바라본단다. 내가 하려던 말은 바로 이것이고, 이 말을 할 때는 이런 태도를 견지하려고 해.'

하나님과 마찬가지로 우리는 현재 그런 생각들을 전달하는 동시에 주변 사람들을 그 이상의 것으로 초청한다. 어떤 말을 하든 안 하든 우리는 그 행위를 통해 자신의 됨됨이나 관계에 관한 생각을 알리는 것이고, '내가 방금 한 말을 듣고 나에게 호감이 더 생기니? 아니면 비호감이 생기니?'라고 묻는 것이다.

더 놀라운 사실은 우리가 늘 이렇게 어떤 메시지를 전한다는 것이다. 하지 않을 도리가 없다. 자녀(단, 정상적으로 평범한 가정에서 성장하며 대부분의 형성기를 부모와 함께 보내는 자녀)는 우리의 말과 태도에 내포된 이런 초청들을 매우 분명하게 알아듣는다. 말을 하는 태도와 더불어 어떤 말을 할지 안 할지 우리가 선택한 것은, 더 놀라운 관계로 초청하는 행위가 될 수도 있고 그 관계를 거부하라는 경고가 될 수도 있다.

그러므로 자녀 양육은 미래의 인생 동반자가 될 이들(아직 작고 미숙하지만 하나님의 형상인 인격체)에게 일종의 구애를 하는 특권을 누리는 행위라 할 수 있다. 자녀가 거기에 응한다면 시간 너머까지 지속될 수직적이고도 수평적인 관계로 초청하는 것이다.

이제 자녀 양육이 성과를 내는 일이 아닌 이유를 알겠는가? 그럴 수가 없다. 우리는 자녀가 우리를 억지로 사랑하게 하거나, 우리와 함께 있고 싶은 마음이 들게 하거나 잘 지내도록 강요할 수 없다. 하지만 구애는 할 수 있다. 하나님의 세계에서 살아가는 경험을 하게 해주어서 그들이 더 나은 것을 갈망하도록 이끌 수 있다. 하나님이 말씀으로 우리에게 하시듯이 말을 사용해 그들을 사랑하고, 포기하지 않고 끝까지 다가가며, 훈련하고, 관계를 누릴 수 있다. 그렇게 함으로 아이들은 부모를 통해 하나님의 성품과 속성을 경험하고 인지하는 기회를 얻는다. 그 기회들은 부모와 하나님을 더 알고 싶고 관계를 누리고 싶은 마음이 생기게 해줄 것이다.

이런 식으로 자녀를 양육하다 보면 부모는 지치고 절망에 빠질 것이다. 자신에게 자녀의 마음을 통제할 마땅한 수단과 마음을 얻을 능력이 거의 없다는 사실을 깨닫기 때문이다. 이렇게 되면 결국 예수님만 의지할 수밖에 없으므로 이런 자각은 긍정적인 일이다. 하나님이 가난하고 절박한 우리를 만나주시면, 우리는 자녀가 동일한 경험을 하도록 훨씬 훌륭하게 이끌 수 있을 것이다.

이 책은 우리 자녀를 향한 하나님의 마음을 알아보고, 자녀를 양육하면서 하나님이 우리를 양육하시는 것을 경험하게 해줄 것이다.

2장

대화는
구애하는
것이다

아무 생각 없이 불쾌한 말을 하거나 듣기에 거북한 말, 상처를 주는 말, 심지어 잔인할 정도로 남을 헐뜯는 말을 한 뒤 누군가에게 이 사실을 지적받고 바로 돌아서서 "아, 내 의도는 그게 아니었어요"라고 변명해본 적이 있는가?

예수님이라면 이런 변명을 용납하지 않으실 것이다. 예수님은 우리가 하는 말로 마음의 상태를 정확히 알 수 있다고 말씀하셨다. 또한 말은 예배의 중심 좌소인 우리 내면이나 핵심적 본성의 정확한 상태를 알려준다고 설명하셨다. "사람이 무슨 무익한 말을 하든지 심판 날에 이에 대하여 심문을 받으리니 네 말로 의롭다 함을 받고 네 말로 정죄함을 받으리라"(마 12:36-37).

신중하게 생각하고 여러 번 가다듬은 후 말한 표현으로는 우리의 가장 내밀하고 솔직한 본성을 확인하기 어렵다는 사실을 기억하라. 우리의 참 모습은 생각 없이 무의식적으로 한 말에서 잘 드러난다. 우리의 진정한 본성은 깊이 생각하지 않고 입에서 무심코 흘러나온 말로 가장 정확하게 알 수 있다.

한 개인으로서 우리의 본질적인 상태는 이런 말들을 통해서 드러난다. 우리가 무엇에 가치를 두고, 삶의 중심이 어디에 있는지 그리고 가장 소중히 여기는 것은 무엇이고 소홀하게 생각하는 것은 무엇인지 보여준다. 무심코 내뱉은 부주의한 말은 우리가 하나님을 어떻게 생각하는지와 그분의 우주에서 우리의 위치를 어떻게 바라보는지를 드러낸다. 이런 말들을 통해 우리가 진심으로 예배하는 대상이 무엇인지 알 수 있다. 그리고 이렇게 무심코 입에서 나온 말은 우리의 예배가 주변 모든 사람에게 어떤 영향을 미치는지 보여준다.

다시 말해 우리가 하는 말, 특별히 생각 없이 쉽게 내뱉은 말은 타인에게 우리가 어떤 가치와 위치를 부여하는지 보여주기 때문에 향후 어떤 관계를 맺어갈지도 짐작하게 해준다. 사람들에게 우리가 부여하는 가치와 위치는 현재의 순간에만 영향을 미치지 않고, 미래를 형성하는 데 결정적 영향을 미친다.

그러므로 잠시 생각해보자. 우리 아이들은 우리에게서 주로 어떤 말을 듣는가? 일상생활에서 엄하고, 냉정하며, 고압적이고, 비관적이며, 우울하고, 절대 만족을 모르는 불만에 가득한 부모를 경험하고 있는가? 그렇다면 내면 깊은 곳에서 우리가 소중히 여기는 대상이 적어도 그들은 아니라는 사실을 반복해서 들려주고 있는 셈이다. 그들이 아닌 다른 무언가를 소중히 여기고, 인생에서 그들의 역할은 그 무언가를 차지하는 데 필요한 보조 수단에 불과하다는 메시지를 들려주고 있는 것이다.

이것은 우리가 자녀 때문에 성가신 일에 시달리지 않고 가능한 한 방해 없이 여유롭게 살고 싶다는 메시지를 빈번하게 전달해왔다는 말이다. 또한 자녀에게 노력과 지원을 아끼지 않았으므로 당연히 받아야 할 존경과 사랑을 기대한다는 식으로 메시지를 전달해왔다는 의미다. 현재 자녀가 부모를 이런 식으로 경험하고 있다면, 자녀가 성장하며 관계를 선택할 기회가 늘어갈수록 부모와 함께하는 시간을 줄여간다 해도 놀라지 말아야 한다. 왜 그런 결정을 하겠는가? 부모와 더 가까이하고 싶어 할 마땅한 이유를 준 적이 없었기 때문이다.

반대로 솔직하고 허심탄회하게 자녀를 대하고, 따뜻하게 배려하며, 때에 따라 필요한 관심을 기울이고, 신뢰와 믿음을 심어주는 가운데 지혜롭게 양육하는 부모를 경험하고 있는가? 그렇다면 자녀를 사랑하고 배려하는 일련의 가치에 기반하여 대화를 나누는 것이므로, 그 자녀는 기꺼이 부모와 함께하는 시간을 더 보내고 싶어 할 것이다. 부모 자신의 안락함보다는 그들의 행복에 더 관심이 있다는 메시지를 전달했기 때문이다. 이런 부모는 기꺼운 마음으로 자녀가 하나님이 작정하셨던 온전한 성숙에 이를 기회를 마음껏 누리도록 말하고 행동한 것이다.

또한 이런 경험의 기회를 만들어내는 말은, 앞으로 부모와 더욱 풍성하고 아름다운 관계를 경험하게 될 것이라는 무언의 암시를 준다. 자녀에게 지속적으로 관계를 누리고 싶어 할 이유를 심어 준 것이다. 장담할 수는 없겠지만, 대하기 까다롭고 변덕스러우며 만족할 줄 모르는 사람과 그들에게 도움을 주려고 적극 노력하는 사람 중 누구와 관계를 지속하고 싶겠는가?

내가 마음 깊이 가장 중요하게 생각하는 것이 하나님이나 사람들과의 관계라면, 사람들이 그 사실을 믿을 정도로 나의 말에 그 생각이 그대로 투영될 것이다. 그리고 그 사실은 상대방이 상태가 좋지 않거나 호감을 느끼기 어려운 상황일 때 가장 실제적으로 체감될 것이다.

좋아할 만한 사람에게는 누구나 쉽게 "나는 네가 좋아"라고 말할 수 있다. 그러나 좋아하기 쉽지 않은 상태의 나를 사랑으로 용감하게 타이르고 제자리로 회복하도록 누군가 애쓴다면, 그가 나를 얼마나 깊이 사랑하며 나에게 헌신하는지 확연히 드러난다. 우리는 그들의 마음을 본다. 그들과 나 사이에 형성되는 관계로 그들의 선한 마음을 확인하고, 앞으로 그들에게서 무엇을 기대할 수 있는지 미리 맛볼 수 있다. 이런 일이 일어날 때 우리는 그 관계를 더욱 바라게 되고 그들에게 더 많은 기대를 품게 된다.

대상이 잘못된 예배는 대화를 가로막는 관계를 낳는다

그렇다면 여기서 제기되는 질문은 명확하다. 사람들이 마음을 열고 다가오게 하는 말보다 오히려 고개를 돌리고 외면하게 하는 말을 하고 싶은 이유가 대체 무엇인가? 그리고 예수님의 말씀을 빌리자면 이 질문에 이렇게 대답할 수 있다. '어쩔 수 없는 일이다. 우리는 항상 우리가 마음으로 섬기는 것을 말하기 때문이다. 그러므로 하나님보다 더 소중하게 여기는 것이 있다면, 그 가치에 따라 사람들을 대하고 결국 악한 말을 한다.' 예를 들면 다음과 같다.

- 목표 달성이 우상이라면, 곧 성취와 성공을 신으로 섬긴다면 원하는 바를 이루기 위해 도움이 필요할 때는 자녀에게 말을 건네고 도움이 되지 않을 때는 무시하는 모습을 자신에게서 보더라도 놀랄 필요가 없다.
- 효율이라는 신을 섬긴다면, 곧 인생이 원만하게 흘러가는 것이 가장 중요하다면 자녀에게 하는 말이 대부분 문제를 지적하고 교정하는 데 집중되더라도 놀랄 필요가 없다.
- 공손함을 신으로 섬긴다면, 자녀에게 주로 하는 말은 공손하고 예의바르게 행동하는 법을 가르치는 내용일 것이다.
- 다른 사람들에게 필요한 존재라는 확신이 우상이라면, 자녀가 어려운 일로 힘들어할 때 대부분 그 일에 관여할 것이다.

그리고 자녀가 혼란스러워하거나 문제가 있어서 개입하고 해결해줄 수 있을 때 실제로 더 행복감을 느낄 것이다. 또한 평범한 일상에서 자녀를 돌보고 양육할 때보다 위기 상황일 때 더 의욕이 생길 것이다.

혼자 고립되어 있는 느낌을 끔찍할 정도로 싫어하는가? 그러면 말로 자녀를 숨 막히게 할 수 있다. 완벽해야 한다는 충동에 시달리는가? 자녀에게 잘못을 저질렀어도 그것을 결코 인정하지 못할 것이다. 상처받지 않도록 자신을 보호하려고 필사적인가? 자녀가 아무리 사과하고 용서를 빌어도 성에 차지 않을 것이다.

우리는 우리 마음이 섬기는 것으로 자녀에게 말한다.

나는 이런 대표적 사례들을 참고해서 몇 번이고 나를 돌아본다. 매일 잘못된 대상을 예배하고 섬기기 때문에 하루라도 어리석은 말이나 엉터리 말을 하지 않고 지나가는 법이 없다. 그럴 때마다 나는 여전히 내게 소망이 있다는 사실을 더 확인해야 한다. 그 소망은 하나님을 향한 내 신앙이 얼마나 강한지에 좌우되지 않는다. 나를 향한 하나님의 소망이 얼마나 강력한지 알아야 한다. 즉, 다시 돌아가 그분이 하시는 말씀을 들어야 한다는 말이다. 오직 하나님을 예배하고 섬기고자 씨름하는 사람들에게 그분이 하시는 말씀을 들어야 한다. 바로 나 같은 사람들 말이다.

주님이 나나 당신처럼 연약하거나 상처를 입은 사람들 그리고 쉽게 타협하거나 위험에 처한 사람들에게 무슨 말씀을 하시는지 귀 기울여 들으라. 그러면 하나님이 우리에게 상처를 주시거나 우리를 이용하지 않으시는 분임을 깨달을 것이다. 하나님보다 다른 것을 더 섬겨서 관계를 망쳐버릴 위험이 있을 때라도 이 사실은 변함이 없다. 오히려 그분은 말씀으로 그들과 훨씬 더 견고한 관계를 세워주신다. 다음 장에서 주님이 친구들과 나누신 대화를 통해 이 사실을 확인해보자.

3장

소외된 친구들에게 말을 거시는 예수님

요한계시록 1장을 보면 예수님의 제자 중 하나인 요한은 기도하는 듯 보인다. 그리고 "주의 날에…성령에 감동되어"(계 1:10) 있을 때 예수님이 갑자기 그에게 나타나신다.

요한은 두려움으로 떨었다. 부활하신 그리스도가 바로 앞에 계셨다. 예수님은 더 이상 영광의 광채를 가리지 않으셨고 유한한 인간의 몸으로 위장하지도 않으셨다. 오히려 눈이 멀어버릴 듯한 어마어마한 광채가 그분에게서 흘러나오고 있었다. 권능이 흘러나오고 있던 것이다. 요한은 그 영광에 완전히 압도되어 거의 죽은 자처럼 되었다(계 1:17).

요한은 아직 모르지만 예수님은 곧 그에게 엉망으로 망가진 이 낡은 세상이 끝나고 새롭게 회복된 세상이 도래한다고 말씀하실 것이다. 하나님의 원수이자 그 백성의 원수가 하나님과 맞서 싸울 것이며 결국 하나님이 승리하신다는 말씀을 들을 것이다. 그리고 거대한 서사적 장면들이 펼쳐진다. 하늘의 징조들, 악한 영과 혈전을 벌이는 천군 천사, 역병과 기근으로 고통당하는 세상, 피가 흘러넘치고 사망과 파괴가 도처에 가득한 장면들이 묘사된다. 모든 피조 세계가 다시 새롭게 될 때에야 이 일들이 그칠 것이다.

그러나 이런 일이 일어나기 전에, 천상의 세계나 미래를 엿보기 전에 이 두렵고 무서운 하나님이 입을 열어 말씀하실 것이다. 그분의 신부인 백성에게 말씀하실 것이다. 당시 실존하던 교회 일곱 개를 골라 그들에게 말씀하실 것이다. 첫 교회를 향해 어떻게 말씀을 시작하시는지 들어보라.

> 에베소 교회의 사자에게 편지하라 오른손에 있는 일곱 별을 붙잡고 일곱 금 촛대 사이를 거니시는 이가 이르시되 내가 네 행위와 수고와 네 인내를 알고(계 2:1-2).

이어서 무슨 말씀을 하실지 모르면 희망적으로 들리지 않는다. 보기만 해도 두려운 부활하신 그리스도가 지금 "내가 너를 안다"라고 말씀하셨다. 죽음보다 더 강하시며 경외의 대상인 하나님이 방금 "내가 너를 안다"라고 말씀하셨다. 그분을 피해 숨을 곳이 없다. 어떤 것도 숨길 수 없다. "나는 너를 안다. 이제 내가 아는 사실을 말해보겠다."

이 문장이 희망적이지 않은 내용으로 끝나는 몇 가지 경우를 떠올려보았다.

- 비판조의 내용: "나는 네가 …하다는 걸 알아. 정말 실망이구나."
- 불신하는 어조의 내용: "나는 네가 …하다는 걸 알아. 한시라도 눈을 뗄 수가 없구나."
- 거부하는 어조의 내용: "나는 네가 …하다는 걸 알아. 너와는 아무것도 하고 싶지 않구나."

그러므로 '안다'는 말 다음에 오는 내용은 매우 중요하다. 하나님이 다음에 무엇을 말씀하시든 그분이 우리에 대해 알고 계시는 내용뿐 아니라, 하나님에 대해 알 수 있는 내용도 포함될 것이기 때문이다. 그다음에 나올 말은 현재 하나님의 심정을 알려줄 것이다. 하나님이 중요하게 여기시는 것을 알려줄 것이다. 하나님이 무엇을 좋아하시고 싫어하시는지 알려줄 것이다. 하나님이 어떤 분인지 알려줄 것이다. 하나님은 우리 눈으로 볼 수 없다. 하지만 하나님이 입을 열어 말씀하시면, 그분이 우리를 어떻게 생각하시는지 알려주실 것이므로 그분의 중요한 일면을 알게 될 것이다.

내가 네 행위와 수고와 네 인내를 알고(휴, 내가 기대하던 것

보다는 낫네) 또 악한 자들을 용납하지 아니한 것과 자칭 사
도라 하되 아닌 자들을 시험하여 그의 거짓된 것을 네가
드러낸 것과 또 네가 참고 내 이름을 위하여 견디고 게으
르지 아니한 것을 아노라(계 2:2-3).

하나님은 방금 "나는 너를 안다. 네가 마음에 든다. 나는 너를
안다. 내가 너에 대해 아는 바를 네가 알았으면 한다. 너를 자랑스
러워한다는 사실을 알았으면 좋겠다"라고 말씀하셨다. 하나님은
대화를 주도하고 계시는데 그 내용은 긍정적이다. 우리의 좋은 면
을 알려주시고 그에 대해 우리를 칭찬해주신다. 여기서 우리는 하
나님이 까다로우시거나, 결코 만족을 모르시거나, 화가 나 계신
것과는 거리가 먼 분임을 깨닫는다. 그분은 우리를 보시고 진심으
로 기뻐하시는 분이다. 우리를 보시고 기뻐하시며 그 사실을 우리
에게 알려주시기까지 한다. 하나님은 우리를 격려하시는 분이다.
그러나 잘못을 지적하실 때도 있다.

그러나 너를 책망할 것이 있나니 너의 처음 사랑을 버렸느
니라 그러므로 어디서 떨어졌는지를 생각하고 회개하여 처
음 행위를 가지라 만일 그리하지 아니하고 회개하지 아니
하면 내가 네게 가서 네 촛대를 그 자리에서 옮기리라 오직
네게 이것이 있으니 네가 니골라 당의 행위를 미워하는도
다 나도 이것을 미워하노라(계 2:4-6).

여기서 하나님이 우리의 긍정적인 면뿐만 아니라 부정적인 면도 분명히 보시는 것을 알 수 있다. 하나님은 긍정적인 면을 이야기하시는 것처럼 부정적인 면도 확실하게 지적하신다. 우리 잘못을 보시고 진노하시지만 분노를 모두 쏟아내지는 않으신다. 화를 이기지 못해 격분하거나 위협하지 않으신다. 분명하게 잘못을 지적하시되 일어서지 못할 정도로 짓밟거나 무너뜨리지 않으신다.

하나님은 자신이 하시는 일을 알려주실 때 우리를 쫓아내는 방식으로 말씀하지 않으신다. 그 대신 손을 내밀어 초청하신다. "네가 나에게 잘못을 저질렀지만 그럴 수 있다. 이제 다시 서로 마음이 하나 될 수 있도록 네가 달라지기를 바란다."

말씀을 계속 읽다 보면 하나님이 이런 요청을 강조하시려 얼마나 애쓰시는지 볼 수 있다. "귀 있는 자는 성령이 교회들에게 하시는 말씀을 들을지어다 이기는 그에게는 내가 하나님의 낙원에 있는 생명나무의 열매를 주어 먹게 하리라"(계 2:7).

하나님은 우리가 그분과 관계를 회복하고 동행하기를 원하시므로 강력한 유인책을 제시하신다.

예수님이 계속해서 나머지 여섯 교회에 하신 말씀을 읽어보면 하나님이 자기 백성에게 어떤 말씀을 하실지 더욱 많이 배울 수 있다. 예수님은 각 교회에 "내가 너를 안다"라고 일일이 말씀하셨다.

- 너희의 선한 행위(계 2:3, 19, 3:8)뿐 아니라 악한 행위(계 3:1, 15)도 알고 있다.
- 너희가 얼마나 힘들게 살아가는지 알고 있다(계 2:9, 13).
- 나를 향한 너희의 열정이나 나에 대한 미지근한 태도도 알고 있다(계 2:13, 3:8, 15).

예수님은 반복해서 "나는 너를 알고 있다", "나는 너를 안다", "내가 네게 말한다"라고 말씀하셨다. 또한 그분은 "내가 아는 사실을 네게 말한다. 네가 포기하지 않도록 말한다"라고 하셨다.

- 너를 격려하고자 말한다(계 2:10, 24-25, 3:4, 10).
- 무엇을 잘못했는지 깨닫게 하려고 네게 말한다(계 2:4, 14-15, 20, 3:17-18).
- 빨리 변화되지 않으면 앞으로 당할 일을 경고하고자 네게 말한다(계 2:5, 16, 3:16).
- 나를 알아가는 것이 얼마나 중요한지 알려주려고 네게 말한다(계 2:7, 11, 17, 26-28, 3:5, 12, 21).

하나님은 2천 년 전, 백성에게 그들의 필요와 관련하여 매우 구체적인 내용을 말씀하셨다. 나아가 그 이상의 일을 하셨다. 그분은 우리에게 이렇게 말씀하시는 것이다. "내 목소리는 이렇다. 나는 이런 일은 말하고 저런 일은 말하지 않는다. 내게서 이런 말을 들을 수 있으리라 기대해도 좋다."

하나님은 이렇게 말씀하시는 편이 더 쉬우셨을 것이다. "나는 너를 잘 아니 너를 무시하고, 네 생각이나 상태가 어떠하든 묵살하며, 꾸짖고, 설교하고 질책하거나 협박조로 달래며, 회유할 수 있다." 하지만 그렇게 하지 않으셨다.

지금 대화를 나누시는 이가 어떤 분인지 생각해보라. 그분은 늘 대화를 해오신 교회를 구원하시려고 어린양으로서 죽임당하신 유다의 사자다(계 5:5-10). 교회를 위해 이렇게 큰 희생을 치르셨는데도 그들은 여전히 그분을 건성으로 따르고, 심지어 그분의 자리를 다른 것들로 대체하는 악행을 저지르고 있다. 이런 자들에게 굳이 애써 말을 거시는 이유는 대체 무엇인가?

하나님이 그들을 사랑하시기 때문이다. "무릇 내가 사랑하는 자를 책망하여 징계하노니"(계 3:19). 주님은 그들에게 다가가 말씀하심으로 그들이 돌이켜 주님과의 관계를 되살리고 회복하기를 바라신다. 예수님은 자신을 문 밖에 서서 문을 두드리며 그들이 문을 열어주기를 바라는 모습으로 그리신다. 그들이 문을 열어주면 들어가 그들과 함께 먹고 마시겠다고 말씀하신다(계 3:20). 함께 식사를 하시겠다는 것이다. 인생을 함께하시겠다는 것이다. 관계를 회복하고 우정을 더욱 끈끈하게 가꾸어가시겠다는 것이다. 그러니 꼭 기억하라. 주님은 그들이 한때 관계를 맺었다가 그분에 대해 관심을 잃은 후에도 그들과 관계를 회복하려 끝까지 그들을 찾으신다는 사실을.

  나는 바로 이런 하나님을 사랑한다. 나의 필요를 보시고 계속 말씀을 사용하셔서 나의 궁핍을 채워주시는 하나님을 사랑한다. 이런 하나님을 어떻게 사랑하지 않을 수 있겠는가! 처벌을 즐기는 잔인한 신이라면 어떻게 안심하고 마음을 열어 보이겠는가. 무관심하고 냉담한 신에게 어떻게 깊은 속내를 털어놓을 수 있겠는가. 바치는 족족 모조리 가로채며 만족을 모르는 탐욕스러운 신을 어떻게 존경할 수 있겠는가. 이런 신들은 섬기고 복종할 수는 있지만, 사랑할 수는 없을 것이다. 내 안에 주님을 등지게 하는 것이 자라날 때 그에 대해 나와 대화하려 애쓰시기 때문에 그분의 이런 고귀함을 알 따름이다.

  내 마음이 주님의 마음과 합치할 때, 즉 다른 이들에게서 얻을 이익에 관심을 갖기보다 주님이나 다른 사람들과의 우정에 더 관심을 기울일 때, 내가 하는 말은 주님이 하시는 말씀을 더욱 닮아갈 것이다. 여러분도 마찬가지다. 주님을 온전히 섬기지 못할 때 그분이 우리에게 하시는 말씀을 확인하라. 그러면 우리를 향한 그분의 마음을 신뢰하는 법을 배울 수 있다. 자녀 역시 그들의 상태가 어떠하든 상관없이, 우리가 하는 말을 듣고 그들을 향한 우리 마음을 신뢰하는 법을 배울 것이다.

4장

덧붙이는 이야기: 신성한 공간

이 세상이 죄로 망가진 후 하나님은 인간의 상태가 암울하다는 점을 기정사실로 두시고 모든 대화에 임하신다. 우리나 우리 자녀가 아무리 선하고 상냥하다 해도, 앞으로 계속 변화되어 완성될 하나님의 자녀들만큼 착하고 선하지는 않다. 그러므로 가족 사이에 완벽한 대화가 가능하다는 기대는 애당초 버려야 한다. 그러나 하나님이 불완전한 우리를 완벽하게 용납해주심으로 누렸던 은혜를 전달할 완벽한 기회가 자녀 덕분에 생기는 경우가 적지 않다.

그러나 이런 기회들은 예고하고 찾아오지 않는다. 대부분 미리 계획했던 일을 하고 있을 때 불쑥 끼어들거나, 모처럼 망중한을 즐길 때 그 여유로운 시간을 방해하는 식으로 일상의 소소한 모습을 하고 찾아온다. 이런 기회들을 세심하게 찾아보는 습관이 몸에 배도록 해야 한다. 그 기회들을 이용해야 한다. 이런 기회들은 놓치기에는 너무 아깝고 함부로 다루기에는 쉽게 사그라들 위험이 있다. 이제 우리 집에서 이런 기회가 어떤 식으로 찾아왔는지 개인적인 경험담을 나누어보겠다.

우리는 저녁 식사를 일찍 마치고 설거지와 뒷정리를 한 뒤 눈에 띄는 집안의 문제를 모두 해결하고 잠자리에 들 준비를 했다. 나는 읽고 나서 제발 후회하지 않기를 바라며 새로 산 책을 들고 서재로 갔다. 특별한 일이 일어나리라는 어떤 징후도 보이지 않는, 여느 때처럼 평범한 저녁이었다.

그런데 아이 중 하나가 책상 앞에 앉은 나를 보더니 "아빠, 시간 있어요?"라고 물었다.

"물론 있지." 나는 모처럼 얻은 나만의 시간이 방해받지 않기를 바라며 책을 덮고 대답했다. "무슨 일이니?"

"2, 3년 전 즈음인가 식탁에 아빠가 앉으시는 자리에서 10달러 지폐를 보았어요. 사실 그때 저는 용돈이 생겼다고 좋아하며 그 돈을 가져갔어요. 아빠는 나중에 제 방 침대 협탁에서 그 돈을 보시고 제가 그 돈을 가져간 걸 아셨죠? 하지만 저는 어떻게 그 돈이 거기 있는지 모르겠다고, 고양이가 식당에서 물어다놓은 게 분명하다고 말씀드렸었죠. 기억나세요?"

"그래. 기억나는구나." 이제 나는 대화에 크게 흥미를 느끼며 대답했다. 그 일이 일어난 이후 두 달 동안 참 끔찍한 시간을 보냈다. 우리는 상황을 파악하고 있었지만, 아이는 고집스럽게 그 사실을 인정하지 않았다. 심지어 10달러를 돌려주려 하면서도 고양이가 범인이라는 주장을 끝까지 고수했다. 나는 그 일이 단순히 돈 문제가 아니었기 때문에 돈을 받지 않았다. 우리에게 끝까지 사실을 숨기고 정직하지 않았다는 것이 문제였다.

아이는 지갑을 열면서 이렇게 말을 이었다. "그건 잘못된 행동이었어요. 그래서 어떻게 해야 옳은지 고민을 많이 했어요. 돈을 돌려드려도 될까요?"

무릇 신성한 공간이란 이런 것이다. 일부러 찾지 않았는데도 아무 예고 없이 하나님의 임재하심이 서재라는 공간에 충만해졌다. 그 공간에 속해 있다니 참으로 놀라운 순간이었다. 부모와 맺은 관계보다 부모의 재산에 더 눈독을 들였던 탕자가 이제 막 집으로 돌아오려는 참이었다. 그러나 방탕의 본질이 그러하듯 그는 사죄를 자기 방식대로 일방적으로 밀어붙이려 했다.

나는 돌려 묻는 질문이 도움이 되리라고 생각했다. "와, 그렇게 말해주니 고마운데! 음… 그런데 네가 저지른 일을 내게 보상해 줄 수 있다는 말이니?"

그러자 자신만만한 듯 곧바로 "네"라는 대답이 돌아왔다.

내가 너무 돌려서 질문한 모양이었다. 나는 웃으며 다시 이렇게 말했다. "그래, 너는 잘못을 인정하지 않고 고집을 부리다가 엄마 아빠를 속상하게 하고 걱정하게 했는데 그걸 다 갚아줄 수 있다고 생각한다는 말이지? 그 뒤로 몇 달 동안 간혹 돈이 사라질 때마다 너를 의심할 수밖에 없어서 애를 태웠는데 갚아줄 수 있다는 거지? 욕심을 부리고 누군가를 속이는 생활을 밥 먹듯이 하고 있을지 모른다는 아빠의 애끊는 마음을 보상해줄 수 있다는 말이지?"

이제 상황이 심각함을 알아차린 듯 아이는 눈을 내리깔며 "아뇨. 할 수 없어요"라고 기어 들어가는 목소리로 말했다.

"그렇다면 너는 어떻게 해야 되겠니?"

"예수님께 용서해달라고 기도해야 하나요?"

"그래. 바로 그거란다. 용서를 구하면 주님이 용서해주실 거야. 예수님은 죄를 고백하면 용서해주시겠다고 약속하셨어. 아빠도 그렇게 할 거야. 이렇게 찾아와서 사실대로 말해주니 네가 정말 자랑스럽구나. 이제는 너를 믿을 수 있을 것 같구나. 너에 대해 아빠가 모르는 부분을 말해주면 너를 더욱 신뢰할 수 있단다. 부끄러운 일을 숨기고 꾸중을 듣더라도 아빠와의 관계가 더 중요하다고 생각한 거니 말이야. 정말 고마워."

그런 다음 잠시 멈추었다가 이렇게 물었다. "하지만 궁금하구나. 왜 이제 와서 사실을 털어놓은 거니?"

"저도 모르겠어요. 불현듯 생각이 났어요. 아빠에게 꼭 말씀드려야겠다는 생각이 들었어요."

"그건 네 안에 하나님의 성령이 역사하시기 때문이란다. 네가 꼭 해결해야 하는 문제를 알려주신 거지. 아빠도 지금까지 살아오면서 하나님이 잘못을 지적해주시고, 다른 사람과 관계를 회복하도록 일깨워주시며 깨우쳐주신 적이 여러 번 있었단다. 이제 시간을 따로 내서 예수님을 만나고, 네게 보여주고 싶으신 다른 것은 없는지 확인해보면 어떻겠니?"

어린 아들은 기도하러 갔고 나는 관계에 상처를 준 일을 몇 년 동안 계속 놓지 않으시고 살펴보시는 하나님의 선하심에 경이로움을 느꼈다. 하나님이 이렇게 하시는 목적은 정죄하시기 위함이 아니라 회복하시기 위함이다. 하나님은 우리와 우리 자녀가 예수님을 닮아가게 하시려는 계획에 가장 적합한 시기가 올 때까지 끈기 있게 기다리시는 분이다.

최대한 그런 순간들을 활용하라. 하나님이 부어주시는 에너지와 사려 깊은 모든 배려를 헛되이 하지 말라. 오히려 덮었던 책을 다시 집어 들거나 다른 일을 하기 전에 잠시 멈추어 서서 하나님의 역사에 어떻게 보조를 맞추며 협력할 수 있을지 고민하라. 나의 경우 그것은 아이가 용기를 내어 말해준 것을 칭찬하고 격려할 뿐 아니라 하나님의 마음을 더 알도록 도와주는 것이었다. 그래서 아이가 기도하고 돌아오자 나는 "탕자의 이야기를 알고 있니?"라고 물었다.

"네, 그럼요."

"이야기가 어떻게 끝나지?"

"아들이 돌아와서 아버지가 성대하게 파티를 열어주었어요."

"맞아. 집을 나갔던 아들이 다시 돌아오니 너무나 기뻤거든." 아이는 빙그레 웃었다.

"이 이야기는 누군가 죄에서 돌이킬 때 하나님이 얼마나 기뻐하시는지 가르쳐준단다. 그리고 바로 지금 하나님은 너에 대해서도 그렇게 생각하실 거야. 아빠도 그렇고. 네 덕분에 아빠는 정말 행복하구나."

분위기는 더욱 훈훈해졌다. 아이들은 엄마에게 용서를 구할 일이 있다고 말했다. 잘못을 저질렀지만 마치 전혀 나쁜 일이 아닌 것처럼 모르는 척했던 일들이 있다고 했다.

이것이 바로 세심하게 짜인 이 작은 현실 세계에 하나님이 개입하셔서 우리와 대화하시듯이 우리에게 자녀와 대화할 기회를 주신 상황이다. 이런 경험은 흥미로운 책보다 혹은 기분 전환을 위해 하는 어떤 일보다 훨씬 놀랍고 경이롭다. 방해를 받아도 아깝지 않다. 그런데 아주 쉽게 사라질 수도 있다.

우리는 항상 이런 일을 대비하고 있어야 한다. 그 기회를 최대한 활용할 수 있도록 다른 모든 것을 내려놓을 준비가 되어 있어야 한다. 이럴 때 사람들은 평상시보다 훨씬 더 취약하고 예민하기 때문에 그들에게 붙어 있는 '취급 주의' 경고 라벨을 진지하게 받아들여야 한다. 자녀에게 도전하고, 손을 잡아 이끌어주며, 확신을 심어주고, 상황을 해석해주어야 한다. 다음 단계로 인도하고 함께 기뻐하며 성실하게 노력해야 한다. 기쁨과 충족감을 누리지 못한다면 그 작업은 지치고 소모적인 일이 될 것이다. 이런 일은 우리가 함께 완전함에 이를 수 있도록, 오직 불완전한 상황에서 불완전한 사람들을 통해 하나님이 계속 일하시기 때문에 일어날 수 있다.

- 이 책에 자신의 이야기를 쓰도록 허락해주고 세부적인 내용을 확인해준 아이들에게 고마움을 전한다.

5장
아무 보장 없이 하는 대화

이제 이런 생각이 들 수 있다. '그래. 모든 일이 이렇게 아무 탈 없이 풀릴 때는 이런 방법이 좋겠지. 하지만 대화가 순조롭게 이루어지지 않으면 어떻게 해야 하지? 실제로 자녀와 교감이 이루어질지 확신할 수 없어도 무조건 대화로 초청하고 계속 말을 걸어야 한다는 건가? 이건 공평하지 않아. 하나님은 이렇게 하지 않으시잖아. 말씀으로 변화되고 있는지, 아니면 아까운 시간만 허비하고 있는지 모르는 상태에서 하시는 게 아니잖아. 하나님은 이미 미래를 아시는 상태에서 자녀들을 선택하시고 그들의 마음을 변화시켜주시잖아. 그러니 입 아프게 상대가 받아들이지도 않을 말을 하실 위험을 절대 감수하지 않으시는 거야.'

사실 하나님은 정확히 미래를 아시기 때문에 오히려 우리보다 상황이 불리하다. 상대가 그분의 말씀을 무시하리라는 사실을 이미 아시는 상태에서 대화를 할지 말지 결정하셔야 한다. 내가 이런 입장이라면, 내 말을 거부할 것이 분명한 사람과는 절대 대화하려 애쓰지 않을 것이다. 하나님이 그런 사람들을 외면하지 않으시고 대화를 주도하신다는 사실은 하나님 편에서는 순수한 자비를 베푸시는 것이다. 그분의 성품에 일치하는 자비하심이다.

하나님은 의인과 악인을 가리지 않고 동일하게 비를 내려주신다(마 5:45). 그분을 멸시하는 백성을 오랜 기간 인내하시며 다가가셨고(사 65:1-5), 그분을 힘써 알라는 요청을 외면하는 피조물에게 자신을 계시해주셨다(시 19:1-4, 롬 1:20). 하나님은 인간과 소통하고 교제하시겠다는 결정의 기준을 자신을 받아들일지의 확실성 여부가 아닌 다른 것에서 찾으신다.

하나님이 아담의 아들 가인을 어떻게 대하셨는지 생각해보자. 하나님이 먼저 그를 찾아가셔서 죄가 그를 삼키려 하니 주의하라고 경고하셨다(창 4:6-7). 이는 하나님이 일방적으로 순수하게 은혜를 표현하신 것이었다. 가인은 자기 동생을 죽임으로 하나님의 경고를 노골적으로 무시했다. 하나님은 다시 그에게 찾아가셔서 (역시 은혜로) 다시 대화를 시도하시고(더 큰 은혜로) 한 가지 질문을 던지시며(은혜 위에 은혜로) 대화를 시작하셨다(창 4:9). 전지하신 분이므로 자신의 말이 무시당할 것을 아셨지만 대화를 중단하지 않으셨다. 그렇다면 하나님이 이렇게 대화를 계속 시도하시는 이유는 무엇인가? 가인이 결국 거부한다 해도 그의 인생의 그 순간에 그 말씀을 꼭 들어야 했기 때문이다.

혹은 요나를 생각해보자. 특별히 요나서는 하나님이 자신을 피해 한사코 달아나는 한 사람을 끝까지 쫓아가시고 관여하시는 이야기다. 마지막 장에서 이렇게 포기를 모르시는 하나님의 모습을 확인할 수 있다. 이 마지막 장을 보면 하나님은 요나에게 은혜를 받은 만큼 다른 사람들에게 은혜를 베풀라고 거듭 요청하시는 모습을 보여주신다(욘 4:4, 9-11). 그러나 이 이야기는 하나님의 마지막 질문에 대해 아무 대답이 없는 상태로 모호하게 마무리된다. 요나가 보인 반응을 알려주지 않는 것은 하나님의 질문에 독자가 스스로 대답해보게 해서 자신의 이야기로 요나 이야기를 마무리하라는 요청과 같다. 또한 우리를 만드신 창조주가 대화를 요청하셔도 거절당하실 수 있음을 보여준다.

예수님이 니고데모와 대화하신 이야기(요 3:1-21) 역시 모호하게 마무리된다. 니고데모는 실제로 거듭나는 경험을 했을까? 이후 내용에는 그가 확실히 거듭났을 것이라 암시된다(요 7:45-52, 19:38-42). 그러나 요한은 니고데모와 관련해 구원 얻는 믿음을 가리키는 특별한 암호를 전혀 사용하지 않는다. 니고데모가 '믿었다'고 암시조차 주지 않는 것이다. 이 이야기는 의도적으로 열린 결말로 마무리된다. 이것은 독자로 하여금 '나는 거듭났는가? 나는 믿는가?'라고 자문하게 한다. 또한 인간이 이해할 수 있는 방식으로 예수님이 니고데모와 기꺼이 대화하려 하셨고, 니고데모가 그분의 말씀을 거부할 가능성을 남겨두었음을 암시한다.

탕자의 이야기가 그렇게 끝나는 이유도 마찬가지다. 분명히 아버지는 둘째 아들에게 한 것처럼 큰 아들에게도 은혜를 베풀었지만 그 내용은 다르다. 아버지는 큰 아들이 다가올 때까지 기다리지 않았다. 둘째 아들을 위해 베푼 잔치 자리를 떠나 서운함에 아버지를 멀리하는 아들을 먼저 찾아 나섰다. 아들을 찾아낸 아버지는 그에게 다가가 말을 걸었다. 크게 꾸짖거나 설교하기 위해서가 아니라 너그러운 마음으로 마음을 열도록 간청하기 위해서였다. 부자 관계와 형제 관계를 회복하자고 요청하기 위해서였다(눅 15:31-32).

그리고 갑자기 이야기가 끝난다. 완전히 끝나버린다. 독자는 어리벙벙한 채 풀리지 않는 의문으로 골똘히 생각에 잠길 것이다. '가만, 어떻게 된 거지? 큰 아들은 회개하고 서운했던 마음을 버리고 아버지와 함께 돌아갔을까? 아니면 아버지에 대한 서운함을 풀지 않고 계속 집 밖을 배회했을까?' 정확한 답은 모른다. 성경은 결말을 이야기해주지 않는다. 예수님은 독자의 궁금증을 해결해주지 않으신다. 이 이야기 자체가 초청이기 때문이다. 즉, 자신의 말이 완전히 거부당할 수 있음을 아시고도 가진 모든 것을 기쁜 마음으로 내어주시는 은혜로운 하나님이 완악한 형인 바리새인들에게 내미신 초청, 다시 말해 대화의 제안인 것이다.

누군가를 사랑한다는 것이 무엇인지 가만히 생각해보면, 사랑이란 대가가 전혀 보장되지 않는 수고와 헌신이라는 사실을 깨닫는다. 아무리 사랑을 투자해도 보상을 받으리라 장담할 수 없다. 하나님은 우리에게 대가가 보장되어 있다는 듯 행동하지 않으셨다. 자녀들을 향해 인내하시며 계속 손을 내미셨다. 하나님은 우리가 어떻게 반응해야 하는지 말씀하지 않으신다. 진정한 사랑에는 결과가 전혀 보장되지 않기 때문이다. 그러나 무슨 일이 있어도 손을 내미시는 시도를 멈추지 않으신다.

하나님은 왜 결과가 보장되지 않는 일에 힘을 쏟으시는가?

첫째, 사람들에게 하나님의 손길이 필요하기 때문이다. 자녀가 곤란한 일을 겪을 때, 두려움에 눌릴 때, 어리석은 결정을 했을 때, 누군가의 지도가 필요하거나 외로움으로 힘들어할 때, 자기 고집을 꺾지 않을 때 무엇이 필요한가? 거부당할 위험이 있어도 자녀의 세계로 들어가 그들에게 필요한 것을 제안하며 대화할 깊은 애정을 가진 누군가가 필요하다.

둘째, 받는 것보다 주는 것이 더 낫다는 진리(행 20:35)를 말로 표현하는 한 가지 방법이기 때문에, 그 결과가 어떻게 될지 장담하지 못해도 사랑은 대화를 시작하게 한다. 소기의 성과를 낼 수 있다는 확신이 생길 때만 자녀에게 대화를 시도한다면, 실제로 그들과 그들에게 돌아갈 최선의 유익에 진심으로 관심을 집중하지 않았다는 말이다. 오히려 내 주장만 고집한 것이고, 자녀가 나와 같이 생각과 의견과 욕구와 관심을 가진 주체적 개인이라고 생각하지 않은 것이다.

셋째, 관계를 회복하는 것은 시도조차 하지 않아서 아예 원천 봉쇄되는 것보다 훨씬 유익하기 때문에 사랑은 대화를 시작하게 한다. 아이들에게 문제가 있을 때 대화로 초청하기보다 일방적으로 훈계하고 지시하며 강요하고 꾸짖거나, 가능한 말을 걸지 않거나, 심지어 아예 아무 말도 하지 않기가 훨씬 쉽다. 다시 말해, 자녀가 문제를 일으켜 보기조차 싫을 때 자녀에게 맞대응하여 사랑하지 않기가 쉽다.

그러나 한번 생각해보자. 대화로 초청하지 않는 것은, 자녀에게 새롭게 관계를 세워나갈 노력을 할 이유가 없다고 말하는 것과 같다. 아마 자녀가 관계 회복을 시도할 수도 있을 것이다. 그러나 그렇게 해봐야 부모의 의중과 상관이 없이 하는 것이다. 최악의 경우 자녀에게 이런 믿음을 심어줄 수 있다. '우리 가족은 나에게 관심이 별로 없어서 나와 적극적으로 대화할 의지가 없는 게 분명해. 우리 가족에게 나는 그렇게 중요한 존재가 아닌 거야.'

다음에 자녀에게 관여하고 싶지 않다는 생각이 들 때 이 질문을 떠올려보라. '6개월 후 어떤 일을 더 후회하게 될까? 대화를 시도했다가 거절당한 것을 후회할까? 아니면 시도하지 않았다가 결국 아이를 거부해버린 사실을 후회할까?'

마지막으로, 우리는 결과를 확신할 수 없어도 대화를 시도하여 자녀를 향한 사랑을 표현해야 한다. 하나님은 친히 거절을 경험하셨기에 똑같은 아픔을 겪는 자들을 더 깊이 공감해주실 것이다(벧전 4:14).

예전에 우리 가족이 다 함께 휴가를 떠난 적이 있다. 나는 출발하기 전에 녹초가 될 정도로 준비에 열을 올렸다. 각자 좋아할 것 같은 책을 챙기고, 그곳에 가서 함께 즐길 게임, 간식은 물론이고 같이 볼 영화도 챙겼다. 가족 모두 휴가다운 휴가를 누리게 해주고 싶다는 생각이 간절했다.

하지만 휴가는 악몽이었다. 가족들은 끊임없이 불평하고 서로 다투었고 사소한 일로 시비를 걸었다. 난장판이 따로 없었다. 누군가는 툭하면 기분이 상해서 화를 냈다. 나는 가족들의 불만을 견디며 어떻게 해서라도 그들의 기분을 받아주려 했다. 가족들이 서로 배려하고 사랑하도록 이끌기 위해 대화를 나누며 갖은 애를 썼지만 그런 노력은 아무 소용이 없었다.

이렇게 며칠이 지나고 나는 하나님과 그분 백성의 관계를 묘사하는 구약의 한 구절을 읽게 되었다. 잡혀 죽을 뻔한 양 떼를 돌본 목자에 관한 내용이었다. 그는 전심을 다해 양들을 돌보았다. 하지만 이 모든 수고의 결과는 "내 마음에 그들을 싫어하였고 그들의 마음에도 나를 미워하였음이라"(슥 11:8)는 문장에서 확인할 수 있다.

나는 의자에 깊숙이 몸을 묻고 이렇게 생각했다. '맙소사! 하나님이 자기 백성에게 이런 대우를 받으시다니. 하나님의 백성이 그분을 마음으로 미워했다니. 목자처럼 우리 가족을 돌보려고 노력한 내가 바로 이런 경험을 하고 있잖아. 하나님과 비슷한 일을 당하고 있다니 이번 주에는 하나님의 마음을 조금이라도 더 이해할 수 있겠구나.'

하나님도 나와 비슷한 일을 겪으셨다고 생각하니 위로가 되는 순간이었다. 그런 생각을 하고 나서 그 자리에 앉아 있다가 불현듯 한 가지를 깨달았다. '잠깐, 나도 하나님을 미워한 그 양 떼 중 하나잖아. 하지만 하나님은 나를 미워하지 않으시지. 하나님을 외면하고 나를 돌보시는 그분의 손길을 싫어했지만 하나님은 여전히 나를 사랑하시는구나.'

그 일을 계기로 나는 하나님과 그분의 마음을 더욱 이해하게 되었다. 훨씬 좋았던 점은 나를 향한 하나님의 사랑을 더 깊이 경험하게 되었다는 것이다. 그 경험으로 나는 가족에 대한 서운한 마음을 풀고 다시 다가가고 싶은 마음이 생겼다. 하나님은 가족과 어긋난 관계를 사용하셔서 먼저는 하나님과 그다음으로는 가족과 더 깊은 관계를 누리게 해주셨다.

하나님은 거부당하리라는 사실을 아실 때도 우리가 꼭 들어야 할 말씀을 들려주심으로 사랑을 부어주신다. 이제 하나님은 우리로 다른 사람들과 나누는 대화에 마음을 열게 하셔서 그분과 같은 길을 걸어가라고 요청하신다. 특별히 좋은 결과가 보장되지 않더라도, 헛되이 힘쓰는 것 같은 자녀와의 대화에 마음을 열라고 하신다. 사랑이 더 앞서기 때문이다.

6장
말씀으로 받은 은혜로 대화하다

이제는 부정적인 그림을 예로 들어 다른 사람과 어떻게 대화해야 하는지 이야기해보겠다. 하나님은 잠언에서 어리석은 자에 대한 길고도 생생한 목록으로 이 그림을 보여주신다(잠 26:1-12). 이 단락의 일부는 어리석은 자와 대화하는 것이 쓸모없고 위험하다고 묘사한다(4-7절). 특별히 9절은 더욱 생생하다.

> 미련한 자의 입의 잠언은 술 취한 자가 손에 든 가시나무 같으니라.

미련한 자가 어떤 모습인지 보이는가? 뾰족한 가시 투성이인 나뭇가지를 마구 휘두르며 비틀거리는 사람의 모습이 그려지는가?

그런 사람이 가까이 다가오면 "조심하세요. 저 사람 피해야 해요"라고 주변에 경고하는 것이 유일하게 합리적인 반응일 것이다.

어리석은 자와 대화하는 것이 바로 그런 경우와 같다. 미련한 자와 대화하는 사람은 상처를 받을 수밖에 없다. 고의성은 전혀 없지만 치명적인 위해를 가하는 어리석고 통제 불가능한 실수들이 생긴다. 이런 실수는 하나님의 지혜를 말한다고 하지만 가시로 무자비하게 할퀴는 것과 같은 결과를 낳는다.

하나님은 우리에게 다가오실 때 절대 가시덤불 같은 말씀을 휘두르지 않으신다. 만약 그렇게 하셨다면 우리는 피해 달아날 것이고, 당연히 그래야 할 것이다. 하지만 하나님의 말씀은 미련한 자들의 말과 다르다. 우리 같은 사람의 귀에는 놀랍기 그지없는 말씀이다. 육신이 되신 하나님의 말씀인 예수님이 말씀하시자 사람들은 "그 입으로 나오는 바 은혜로운 말을 놀랍게 여[겼다]"(눅 4:22).

사람들이 예수님께 압도적으로 많이 들었던 말씀은 짜증스러운 불만도, 비하하는 말도, 좌절하는 말도, 조작하고 적의에 찬 말도, 희롱하고 위협하며 원망하거나 증오하는 말도 아니었다. 그들은 은혜의 말씀을 들었다. 예수님의 말씀은 하나님이 그들을 심판하러 오신 것이 아니라 구원하러 오신 것을 알렸다(눅 4:16-21). 모든 사람이 그 말씀을 받아들이지는 않았지만(눅 4:22-30), 예수님이 은혜의 말씀을 전하셨다는 사실은 분명했다. 우리 역시 마땅히 이런 은혜의 말로 사람들을 놀라게 해야 한다.

성경을 펴서 하나님이 하신 은혜의 말씀을 찾아보라. 그러면 성경 곳곳에서 은혜로 가득한 말씀을 확인할 수 있다. 몇 가지 사례를 소개해보겠다.

- 악에서 건져주시겠다고 약속하신다(창 3:15).
- 적극적으로 우리를 구원해주신다(신 5:6).
- 우리를 존귀하고 보배로운 존재로 보신다(사 43:4).
- 우리를 향해 놀라운 계획을 갖고 계신다(렘 29:11).
- 우리와 친구가 되기를 원하신다(요 15:15).
- 우리를 격려하신다(롬 15:5).
- 우리를 결코 포기하지 않으신다(빌 1:6).
- 그분의 백성을 도와서 그분을 향한 사랑을 표현할 때 결코 가볍게 넘기지 않으신다(히 6:10).
- 우리 눈의 눈물을 모두 닦아주실 것이다(계 7:17).

이 말씀들을 잘 살펴보면 하나님이 모든 은혜의 하나님이심을 깨달을 수 있다(벧전 5:10).

이것이 우리에게 중요한 이유는 무엇인가? 또한 사람들과 대화하는 방식에서 이것이 중요한 이유는 무엇인가? 우리가 사용하는 말에는 그동안 알고 믿어왔던 것이 항상 반영되기 때문이다. 하나님과 은혜의 관계를 누리며 살면 은혜가 무엇인지 알 수 있다. 따라서 사람들에게 어떤 말을 해야 할지도 자연스럽게 알게 된다.

반대로 하나님이 은혜로 말씀하시는 것을 지속적으로 경험하지 못한다면 주변 사람들에게 은혜를 베풀 수 없다. 사람들에게 말을 할 수 없다는 뜻이 아니다. 경험이 다르기 때문에, 다시 말해 은혜를 경험하지 못했기 때문에 다르게 말하게 된다는 뜻이다.

어릴 때 어른들에게서 들은 말 중에 '나는 나중에 자녀에게 절대 저런 말은 사용하지 않겠다'고 맹세할 정도로 질색했던 것이 있는가? 아마 "맞아야 정신을 차리겠구나"라는 말이나 "눈물을 쏙 빼게 혼쭐이 나야겠구나"와 같은 말일 것이다. 주어진 권한을 오용하고 힘을 남용한 이런 추한 위협조의 말은 우리 마음에 지울 수 없는 흔적을 남겼을 것이다. 떠올리기조차 싫을 것이다.

이제 과거로 되감기 해서 아이들이 며칠 내내 서로 싸우다가 혼자 떨어지기라도 하면 큰일 날 듯이 굴었던 각자의 경험을 떠올려보자. 당신은 그동안 미뤄왔던 일을 하려는 찰나 아이들이 싸우는 바람에 도무지 일에 집중할 수 없다. 벼르고 별렀던 일을 더 이상 할 수 없다. 신용 카드 사용 내역서를 살펴보는 것도 포기하고 망치질을 하다가 두 시간 사이에 벌써 아홉 번이나 망치를 내려놓았다. 이제 그토록 싫어하던 말이 입 밖으로 튀어나오기 직전이다. 할 수 있는 일이라곤 그 말을 삼키고 밖으로 표현하지 않으려 안간힘을 쓰는 것이 고작이다.

왜 그런가? 우리는 우리 경험에서 나오는 말을 하기 때문이다.

우리는 '이런 순간에는 이런 말을 해도 괜찮아. 상대를 위협하고, 투덜대며, 싸우고, 언쟁을 벌이며, 비난하고, 원망하는 말을 해도 돼. 그렇게 말하면 원하는 대로 할 수 있어. 이런 상황에서는 이런 말이 정상이니 이렇게 말해도 돼'라고 오랫동안 배워왔다. 문제는 그런 표현이 하나님의 모습과는 거리가 멀다는 것이다.

하나님의 형상으로서 말하기 때문에 우리의 말은 위력이 있다

창세기 서론부에는 하나님이 자신의 형상, 곧 지상에서 자신을 대리할 존재들을 만드시는 장면이 서술된다. 그들은 바로 하나님이 어떤 분인지 가시적으로 보여줄 사람들이었다. 그들은 하나님처럼 모든 피조물과 관계를 누리며, 숨죽여 지켜보고 있는 우주를 향해 보이지 않는 하나님을 밝히 보여 알릴 것이다(롬 1:18). 이 하나님의 형상들은 하나님처럼 행동하고 하나님처럼 생각하며 하나님과 같은 태도와 갈망을 지닌 존재였다. 서로 대화할 때는 물론이고 그들의 모든 일거수일투족으로 '하나님은 이런 분이다'라고 선언하는 역할을 했다.

이 말은 우리가 어떤 말을 하거나 행동을 할 때, 단순히 로버트나 마리아나 킴이나 조셉을 대상으로 하는 것이 아니라는 뜻이다. 작고 종종 무시당하며 수십억 명의 사람 중 한 개인에 불과한 사람이 그 대상이 아니라는 말이다. 우리가 누군가와 교류할 때마다 그 행동은 온 우주로 중계되는 메가폰에 연결된다. 사람들은 우리를 통해 하나님이라면 어떻게 반응하실지 경험한다.

우리의 행동이나 말이 그토록 위력적인 이유가 바로 여기에 있다. 누군가를 칭찬하거나 격려했는데 그 말이 그의 내면 깊숙한 곳을 건드려 아기처럼 순하게 구는 경우를 본 적이 있는가? 누군가를 계속 독려하고 그가 더욱 힘써 해나가도록 끝까지 지켜본 적이 있는가? 누군가에게 친절하게 손을 내밀었을 때 그 사람이 감격하는 모습을 본 적이 있는가? 그들이 그런 반응을 보인 것은 어떤 면에서 당신의 행동이 의도보다 더 큰 파급 효과를 냈기 때문이다. 이때 우리는 행동으로 하나님의 긍정적인 면을 드러내고, 그분의 형상들을 바라보는 하나님의 시각에 대해 긍정적인 면을 알려준 것이다.

우리의 행동과 상호 작용은 하나님이 우리를 원래 그렇게 만드셨기 때문에 위력이 있다. 하지만 슬프게도 아담과 하와는 하나님의 대리자라는 자신들의 특별한 지위를 거부했다. 그런 이유로 우리의 행동은 심각한 해악을 끼칠 수 있다. 그들은 하나님보다 뱀의 말을 더 중요하게 받아들이고 하나님께 귀 기울이려 하지 않았다. 그들은 더 이상 하나님의 길과 가치를 가장 중요하게 여기지 않았다. 이제 그들에게는 새로운 가치와 새로운 결단과 새로운 인생 목표를 세울 수 있는 새로운 우선순위가 생겼고, 서로 교류하는 방식을 비롯하여 모든 삶을 새로운 우선순위에 맞게 재정립하게 되었다.

예수님은 이런 사실을 누가복음 6장 45절에서 다음과 같이 말씀하셨다. "선한 사람은 마음에 쌓은 선에서 선을 내고 악한 자는 그 쌓은 악에서 악을 내나니 이는 마음에 가득한 것을 입으로 말함이니라." 입을 열어 말하거나 손을 움직여 행동할 때마다 우리는 마음에 가득한 것을 말하고 행동하며 우리 내면 상태를 그대로 드러낸다.

아담과 하와는 사탄의 음성을 그들의 존재 깊숙한 곳으로 받아들였기 때문에 더 이상 하나님의 대리자 역할을 할 수 없었다. 그들이 말을 사용해 자신이 아닌 다른 사람에게 비난의 화살을 돌린 장면에서 우리는 그 차이를 바로 알 수 있다. 그들은 하나님이 그분의 형상으로서 누리게 하신 능력을 완전히 다 상실하지는 않았다. 하지만 그들은 그 능력을 왜곡했다. 서로를 세우고 견고하게 하는 데 그들의 힘을 사용하지 않고, 서로를 짓밟고 이용하는 데 사용했다.

누군가가 당신을 모욕하거나 비난하거나 중요한 무언가를 빼앗아가서 존재의 핵심에 깊이 박혔던 경험이 있는가? 지나쳐버리기에는 너무나 깊은 곳에 말이다. 그것은 단순히 '과민한' 탓이 아니다. 그런 말과 행동으로 상처를 입는 것은 그것이 우리를 향한 하나님의 마음과 생각을 대변하도록 창조된 이들의 행동과 말이기 때문이다. 물론 그것이 하나님이 직접 하신 행동은 아니다. 하지만 그분의 형상이 한 행동이기 때문에 하나님이 하신 행동으로 전해지는 것이다.

그러므로 그 말과 행동은 이러한 메시지를 담는다. '당신을 창조하시고 만드신 분이 당신에 대해 이렇게 생각하시는 거예요. 그분은 당신이 별로라고 생각하신다는 말이지요. 당신은 한 번도 제대로 행한 적이 없고 앞으로도 그럴 일은 절대 없을 것이라고 생각하세요. 하나님은 당신을 못난 패배자라고 여기세요. 당신을 경멸하시고 수고할 가치가 없는 존재로 보고 계세요.' 이 사람은 하나님이 주신 힘을 갖고 있지만, 사탄인 뱀의 가치를 내면 가득히 축적했기 때문에 뱀의 목소리를 알리는 데 그 힘을 사용한다.

다시 말해서, 평범하고 일상적인 대화는 존재하지 않는다. 누군가와 대화하고 교류할 때마다 우리는 인간이 동참하기 오래전부터 시작된 우주적 전쟁에 목소리를 보태게 된다. 즉, 창조주 하나님과 함께 사는 삶이 어떤지 혹은 기만자 사탄과 어울리는 생활이 어떤지에 관한 시각과 관점을 상대방에게 심어주는 것이다.

우리는 우리가 알고 있는 것으로 말하고 행동할 때 다른 사람들의 앎에 기여한다. 우리 경험이 말의 내용을 결정하며 자기 자신을 대하는 태도에도 영향을 미친다. 그리고 이것은 다시 다른 사람들의 경험에 영향을 미치고, 그들이 말하는 내용과 그들 삶의 방식에 영향을 미친다. 우리가 하는 말은 우리가 생각하는 것 이상으로 중요하다.

7장

덧붙이는 이야기:
"차에 타"

우리 가족은 어느 주일날 예배를 마치고 부활절 저녁 식사를 하러 부모님 댁을 방문할 준비를 하고 있었다. 나는 보통 여러 사람이 일정을 맞추어야 할 때 모두가 그 일정에 따라 계획을 세우도록 미리 여러 번 말해두는 편이다. 그래서 출발할 준비가 끝났다는 생각이 들자 아이들에게 "모두 각자 물건 잘 챙겨. 10분 뒤에 출발할 거야"라고 말했다.

10분 후 문을 열고 나갈 준비를 하면서 큰 소리로 "자, 이제 모두 차에 타자"라고 말했다. 이 말이 떨어지기가 무섭게 아이들이 각기 하던 일을 멈추고 사방으로 흩어졌다. 단 차가 있는 방향만 예외였다. 한 아이는 화장실로 뛰어가고, 또 한 아이는 차 안에서 볼 책과 장난감을 가지러 달려갔다. 또 다른 아이는 신발을 챙겼다. 아무도 차에 타지 않는 상황에서 나는 거실 한가운데 혼자 멍하니 서 있었다.

그 순간 내가 어떤 반응을 보일 수 있을까? 첫 번째 반응으로 나는 가족 모두에게 크게 화를 낼 수 있다. 그 자리에 서서 "내가 차에 타라고 말했잖아! 지금 당장 타!"라고 소리 지를 수 있었다. 아니면 한 사람 한 사람 쫓아다니며 잔소리를 할 수도 있었다. "지금 뭐하는 거니? 내 말을 들었잖아. 뭐가 문제야? 도대체 왜 말을 안 듣는 거니?" 혹은 더 심하게 화를 낼 수도 있었다. "자기 자신 말고는 관심이 없으니 남의 말을 전혀 안 듣는 거야. 그게 바로 네 문제야!" 이렇게 사람들을 위협하고 큰소리로 윽박지르는 방식은 과거에 시도해본 적이 있다. 이런 방법은 이 외에도 수없이 많고, 나는 이런 방법을 다시 사용할 수도 있었다.

내가 또다시 그렇게 반응했다면 어떻게 되었을까? 아마 무엇보다 어느 정도 효과는 있었을 것이다. 나를 끝까지 피해야 할 이유가 없다면 가족은 모두 차에 탔을 것이다. 그러나 또한 어색한 침묵만이 감돌았을 것이다. 화내는 아버지를 보고 무서워했을 수도 있다. 자신들을 함부로 대하는 아버지에게 분노를 품었을 것이다. 서로 대화하거나 관계를 누리는 경우는 절대 없을 것이다. 내가 가족을 이끄는 방식을 싫어할 것이고, 나는 아버지로서 권위가 중요하다고 가르칠 것이다.

그러나 더 큰 문제가 있다. 바로 내가 잘못된 복음을 전하게 된다는 것이다. 나는 하나님의 대리자로서 그들과 교류하기 때문에 가족에게 이렇게 가르치는 셈이 된다. '내가 아는 예수님이 이런 분이다. 내가 잘못을 저지르면 하나님은 가차 없이 나를 응징하신다. 하나님은 남을 짓밟고 학대하는 분이다. 자기 뜻에 방해가 되면 내가 저지르는 잘못을 못 견디게 싫어하신다. 원하는 대로 되지 않았기 때문에 나를 비난하시고 강제로라도 제자리로 돌려놓을 때까지 마음을 풀지 않으신다. 하나님은 네게도 똑같이 대하실 거다.'

이것이 첫 번째 방식이다. 두 번째 방식 역시 부정적이다. 모두가 다 흩어졌다가 느릿느릿 각자 원하는 시간에 차에 탈 때까지 아무것도 하지 않고 지켜보는 것이다.

이 경우에는 더 내면적인 대화가 이루어지겠지만 다음과 같이 혼자 투덜거리는 것 못지않게 해로울 것이다. "아무도 내 말을 듣지 않는구나. 여기서 모두를 챙기거나 힘든 일은 나 혼자만의 몫인데 아무도 관심을 갖지 않는구나. 내가 왜 이렇게까지 애써야 하는지 모르겠어. 최악은 저 애들이 커서 독립할 때까지 참는 것 말고는 아무것도 할 수 없다는 거지. 혼자 차 안에 앉아 너무 오래 기다리지 않기만 바랄 뿐이야."

이 일반적인 반응은 첫 번째 반응 못지않게 관계를 심각하게 망가뜨린다. 또한 하나님에 대해 왜곡된 상을 심어준다. 이런 반응은 다음과 같은 메시지를 전달한다. '우리에게 상처를 받을 때마다 예수님은 자기 연민에 빠지는 분이다. 우리에게 무시당하시면 싫어하시지만 사실 우리를 도울 실제적 힘이나 계획이 전혀 없는 분이다. 그래서 하나님은 우리를 멀리하신다. 우리가 대책 없이 무너지는 것을 견디셔야 하므로 스스로 마음을 지키셔야 한다고 생각한다. 그러니 그냥 네가 원하는 대로 마음 내키는 대로 다 해라. 하지만 너는 스스로 책임을 져야 한다는 사실을 알아야 한다.'

첫 번째 방식과 두 번째 방식은 하나님의 모습과 전혀 다르다. 하나님은 항상 우리와 화해하는 것을 목적을 염두에 두고 말씀하신다. 하나님과 사이가 소원해졌을 때 우리와 관계를 회복하시려는 목적을 품고 계신다는 것이다. 하나님은 항상 자녀들과 말씀하실 때 우리와의 관계를 회복하고 싶어 하신다. 이렇게 관계 회복을 경험한 사람은 다른 사람들에게도 같은 메시지를 전달하고 싶을 것이다.

그날 거실에서 바로 그런 일이 일어났다. 모두에게 잔소리를 늘어놓거나 화가 나서 그들을 두고 먼저 나가버릴 수도 있었다. 그러나 하나님의 은혜로 나는 다른 선택을 할 수 있었다. 어렵지만 더 나은 선택을 한 것이다. 그래서 나는 외면하거나 물러서지 않고 가족들에게 호소해야 했다. 내가 어떤 말을 하든 그것은 그들의 유익을 위해 한 말이고, 그들 자신을 위해서라도 그 사실을 받아들이라고 부탁했다.

나는 왜 그런 수고를 했는가? 내가 훌륭해서가 아니었다. 우리

가족이 잘 알고 있듯 나는 눈에 띄게 많은 실수를 저질렀다. 화가 나서 분노를 폭발하기도 했고 자기 연민에 빠져 스스로를 비하하기도 했다. 나는 결코 훌륭한 사람이 아니다. 하지만 훌륭한 하나님이 나와 함께하신다. 아담과 하와에게 배신당하셨지만 그들을 거부하지 않으셨고, 또한 나를 거부하지 않으시는 하나님이 나와 함께 계신다.

다시 말해 그날 오후 그 거실에는 나만 홀로 외롭게 있던 것이 아니다. 나는 내 감정에 따라 가족을 대하고 싶었지만, 나를 그렇게 대하지 않으시는 하나님이 함께 계셨다. 나를 버리시거나 그 면전에서 나를 쫓아내지 않으시는 하나님이 계셨다. 하나님은 그곳에 나와 함께 계셨고 지금도 여전히 나를 선대해주신다.

그러므로 가족이 어떤 행동을 하더라도 나는 은혜로 그들을 대할 것이고, 아무것도 잃지 않을 것이다. 그 순간부터 가족과 빚어진 문제가 심각한 방향으로 흘러가도 나의 하나님은 여전히 나를 선대해주실 것이다.

그래서 나는 아이들이 달려가는 방향으로 가서 손으로 가로막으며 "안 돼. 멈춰봐. 지금 뭐하려는 거니?"라고 물었다.

"머리 빗으려고요." 아이는 약간 기분이 나쁘다는 듯 대답했다.

"곧 출발할 거라고 미리 말했잖니? 왜 그때 준비하지 않은 거야?"

"책을 읽고 있었어요." 아이는 방어조로 대답했다.

"그러면… 너희는 너희가 하고 싶은 일이 더 중요했던 거야? 아니면 아빠가 부탁한 것이 더 중요했던 거야?"

이번에는 다소 마음이 풀린 듯이 "내가 하고 싶은 일이요"라고 답했다.

"'차에 타라고 말했을 때 아빠는 온 가족, 그러니까 우리 가족 다섯 명과 할아버지 할머니께 무엇이 필요할지 생각하고 있었어. 일곱 사람을 생각하고 있었지. 너희는 몇 사람에 대해 생각하고 있었니?"

"한 사람이요." 이번에는 훨씬 더 납득이 되는 듯 부드럽게 대답했다. "얘야. 아빠는 널 사랑해. 그러니 여기에 너만 있는 것처럼 이렇게 이기적으로 굴어서는 안 돼. 이제 차에 타렴"이라고 말했다.

그날 나는 무엇을 한 것인가? 나는 하나님이 내게 주신 목소리를 사용해 어린아이가 자기 잘못을 뉘우치고, 예수님과 마음을 맞추며, 나머지 가족과도 마음을 모으도록 조용히 초청했다. 그다음에 벌어진 일은 놀라웠다. 아이가 차에서 기도해도 되는지 물었고, 하나님과 서로에게 우리가 얼마나 이기적으로 굴었는지 고백하는 시간을 주도적으로 이끌었다. 아이들의 마음에 일어난 변화가 차 안의 분위기를 완전히 바꾸어놓았다.

우리는 차를 타고 가면서 어떻게 생활하는지 이야기를 나누기도 하고, 도로 표지판 게임을 하며 화기애애한 시간을 보냈다. 차가 목적지에 도착한 후에도 서로를 향해 변화된 태도가 그대로 이어졌고 조부모를 대하는 태도에도 영향을 미쳤다.

우리는 주변 사람들에게 창조주의 마음을 대변하는 방식으로 말해야 한다. 그리고 그들이 내 인생에 말로 개입할 때 그들에게서 하나님 마음의 음성을 들어야 한다.

여러 가지 일로 녹초가 되었을 때 나는 내 세계에 개입해서 이렇게 말해줄 아내 샐리가 필요하다. "당신은 지금 산책이 필요해요. 산책하면서 주님과 대화하고 교제하는 시간을 보내야 해요. 그래야 당신이 우리를 더 참을성 있게 기다려줄 수 있을 거예요." 그리고 내 얼굴에 실망하고 화나는 표정이 보일 때는 "아빠, 진정하세요"라고 주의를 줄 딸이 필요하다.

또한 나는 "계속 그렇게 생활하면 건강을 해치기 쉬워요. 당신에게는 이런 지적을 해줄 나 같은 사람이 옆에 있어야 해요"라고 사무실을 들여다보며 걱정 어린 조언을 해줄 동료가 필요하다.

나는 예수님을 통해 경험한 깊은 은혜로 내게 말 걸어주고 조언해줄 사람들이 필요하다. 하나님은 내가 그리스도를 더욱 가까이 하고 주변 사람들에게 한 걸음 더 다가가도록 그분의 대리인들을 인생에 심어주셨다.

당신도 주변 사람들을 향해 동일한 소명을 받았다. 그 소명은 하나님이 베푸신 은혜와 사랑을 가슴 깊숙이 들이마신 뒤 그 은혜에 힘입어 온유하고 확신에 찬 마음으로 가족과 친구들과 대화하는 것이다. 우리는 대화를 통해 그들에게 하나님의 뜻을 따라 살고 싶은 갈망을 심어주어야 한다. 그리고 그들이 우리와 관계를 지속할 수 있도록 힘써야 한다.

8장

부모와 자녀는 많은 대화를 나누어야 한다

자녀와 대화하는 일은 고위험, 고수익 행위다. 우리는 보이지 않는 하나님을 눈에 보이도록 드러낼 수 있는 특권을 받았다. 하지만 그만큼 하나님을 거룩한 분이 아닌 악마 같은 분처럼 그려낼 위험성이 높아진다.

"그렇다면 가능한 한 말을 줄이면 괜찮을지 몰라. 아이들에게 더 도움이 되려면 그 위험성을 줄여야겠군." 이런 식의 논리는 확실히 설득력이 있다. 문제에 개입하지 않고 멀찍이 거리를 유지하면 문제를 일으키지 않을 수 있다. 정말 그런가? 정확한 답은 아니다. 이런 방식은 그럴듯하게 들리지만, 원래 사람이 대화를 통해 성장하고 발전하도록 작정하셨던 하나님의 계획과 정면으로 배치되어 다른 문제가 불거지기 때문이다.

타락하기 전의 에덴동산을 생각해보라. 인간은 흠이 없고 완벽했지만 또한 무지했다. 아담과 하와는 자신에 관한 중요한 사실을 몰랐다. 그들은 자신이 하나님의 형상으로 창조되었고, 하나님처럼 세상을 충만하게 하며, 체계적으로 관리하고, 하나님과 교제함으로 삶의 의미와 목적을 발견하는 존재라는 것을 알지 못했다. 그들은 기적과도 같은 일상적인 일이 일어날 때만 그런 사실을 배울 수 있었다. 바로 하나님과 대화하는 일이다.

하나님은 그들에게 말씀하셨고 다른 방법으로는 얻지 못했을 정보를 제공하셨다. 그들의 무지는 죄로 오염된 상태도 아니었고 죄악의 결과도 아니었다. 무지는 그들의 인생 경험에 걸맞게 미성숙한 결과였고, 그 문제는 오직 그들 세계로 들어가 말씀으로 그들을 성숙하게 해줄 더 지혜롭고 인생 경험이 풍부한 존재만이 해결해줄 수 있었다. 그들은 죄를 전혀 모르는 상태였지만, 여전히 무지했고 가르침이 필요했다.

죄가 들어오기 전에 죄에 무지한 상태에서 그런 대화가 꼭 필요했다면 그 이후에는 얼마나 더 그러하겠는가?

하나님은 그 필요성을 아셨다. 바로 이런 이유 때문에 다른 사람들, 특별히 자녀와 대화하는 것이 하나님을 상상하는 좋은 방법이 된다.

하나님은 이스라엘 백성에게 십계명을 주신 후(이 경우에도 하나님이 자기 백성에게 말씀하시며 지혜와 지식을 나누어주셨다. 하나님이 그들과 대화하지 않으셨다면 이런 지혜와 지식을 얻을 수 없었을 것이다) 그들에게 이렇게 말씀하셨다.

> 또 그것을 너희의 자녀에게 가르치며 집에 앉아 있을 때에든지, 길을 갈 때에든지, 누워 있을 때에든지, 일어날 때에든지 이 말씀을 강론하고 또 네 집 문설주와 바깥 문에 기록하라 그리하면 여호와께서 너희 조상들에게 주리라고 맹세하신 땅에서 너희의 날과 너희의 자녀의 날이 많아서 하늘이 땅을 덮는 날과 같으리라(신 11:19-21).

어디서나 가르치고 대화하라. 하나님이 직접 주신 말씀을 말로 전할 뿐만 아니라, 집에 있을 때나 길에 있을 때나 앉아 있을 때나 걸어가거나 누워 있을 때나 일어날 때와 같은 일상생활과 그분의 말씀이 어떻게 연결되는지 이야기하라. 자녀의 세계를 하나님의 말씀으로 채워서 그분이 누구시고, 그분과 맺은 관계에서 그들이 어떤 존재이며, 그분의 세계에서 어떻게 살아야 하는지 가르치라.

자녀는 대화를 통해 성장한다

완벽한 우주 속에서 아담과 하와는 하나님과 꼭 대화를 나누어야 했다. 하나님과 대화하면서 인간은 그분의 세계에서 자신의 위치를 확인할 수 있었다. 죄로 모든 것이 망가진 후에도 여전히 하나님과 나누는 대화는 꼭 필요하다. 그러나 죄 때문에 문제가 복잡해졌다. 자녀와 나누는 대화가 항상 원활하게 이루어지지는 않는다. 우리 아이들도 하나님이 가장 좋은 것을 주시려 설계해 놓으신 과정을 받아들일 준비가 늘 되어 있지 않다.

어느 날 오후, 초등학교에 다니는 아들이 조금도 망설이지 않고 "이미 하고 있잖아요"라는 대답으로 내 말을 되받아쳤다. 나는 서로 기분이 상하지 않도록 형과 대화하는 방법을 알려주고 있었는데 별로 귀담아듣는 모양새가 아니었다. 아이는 주말에 했던 '말 주고받기' 게임을 한 뒤부터 그런 반응을 보이기 시작했다. 좋은 생활 태도를 가르치려 할 때마다 아이는 내 말을 들을 필요가 없는 이유를 대며 또박또박 반박했다.

그래서 나는 이렇게 말했다. "잠깐만. 네 머릿속에 아마 이런 대화가 오갔을 거야. '와! 아빠는 내게 꼭 해줄 말이 있다고 생각하셔서 하던 일도 멈추셨구나. 나 같은 아이는 다른 생각 따위는 모두 머리에서 비우고 아빠 말씀에만 집중해야 한다고 생각하시는구나. 아빠가 하신 말씀 중에 내가 모르는 내용이 단 5퍼센트라도 되면 다 받아들일 수 있어.' 너 지금 이렇게 생각하고 있지?"

"아뇨. 그렇지 않아요." 아이는 내가 무슨 말을 할지 알아차리고 미간을 찌푸리며 말했다.

나는 갑자기 주제를 바꾸어 아이에게 "아기 고양이가 어미 고양이와 언제까지 함께 사는지 아니?"라고 물었다.

아이는 어깨를 으슥하며 "모르겠어요. 두세 달 정도요?"라고 대답했다.

'이 정도면 되겠구나' 하고 생각한 나는 이렇게 말했다. "좋아. 그런데 너는 엄마 아빠하고 훨씬 더 오랫동안 함께 살잖아. 그 이유가 뭐라고 생각하니?"

아이는 거실 바닥으로 눈을 내리깔더니 한층 누그러진 목소리로 "제가 배워야 할 게 있다고 하나님이 생각하셨으니까요"라고 대답했다.

나는 그 말이 맞다고 고개를 끄덕인 다음 이렇게 덧붙였다. "하지만 넌 이 집에 있고 싶지 않은 것 같아 보여. 엄마 아빠에게 전혀 배울 것이 없다는 식으로 행동하고 있지. 그렇게 행동할 때마다 넌 아빠에게 이렇게 말하는 것이나 마찬가지란다. '아빠, 난 지금 이 집에 있을 이유가 없어요. 독립해서 살아야 돼요.' 지금 너는 왜 이 집에 사는지 잊어버린 것 같구나."

아이는 혹시 잊어버린다 해도 나는 기억해야 한다. 우리는 아무것도 모르고 하나님의 뜻으로 말미암아 인생을 시작하지만, 일상에서 우리와 대화하는 사람들의 중재로 이 세계와 그 안에서 나의 위치를 조금씩 이해해간다. 시간이 흐르면서 우리는 도움을 받아 성숙하여 사회의 책임 있는 일원으로 기여하고, 다른 사람들을 도우며 돌볼 수 있게 성장한다. 이상하지만 하나님은 우리의 성장을, 한때 지금보다 더 무지했던 사람들에게 맡기셨다. 우리 아들의 경우 당분간 그 역할을 맡은 사람은 바로 나다.

한 사람이 이런 식으로 성장하는 것은 대중 문학의 이야기 전개에서 흔히 볼 수 있다. 한 신참(나니아의 어린이들, 중간계의 호빗들, 해리 포터, 뱀파이어 벨라)이 완전히 낯선 세계로 내던져지고, 그런 상황에 어떻게 대처해야 할지 몰라 당황하여 시행착오를 거듭한다. 주인공 주변에는 여러 위험이 도사리고 있고, 결정을 내릴 때마다 미래의 행복은 계속 불확실해질 뿐이다. 그러다가 다른 사람들과 대화하면서 조금씩 새로운 환경을 헤쳐 나가고 그곳에 적응하는 법을 배운다.

주변 사람들은 주인공에게 세상을 구체적으로 이해할 수 있는 이야기를 들려준다. 필요한 지식을 가르쳐주고 잘못을 교정해준다. 세상과 자신을 더욱 분명하게 바라보도록 새로운 세계에 눈뜨게 해주고, 미래에 운명이 어떻게 될지 조금씩 파악해나가도록 도와준다. 그러는 가운데 주인공은 점점 마음에 열정이 생기고 배운 대로 살아보고자 애쓰게 된다. 이런 식으로 일상의 대화와 이야기들을 통해 자신이 소망하는 이상으로 더욱 성장한다.

이런 성장을 다룬 이야기는 하나님이 이 세계를 설계하신 방법에서 모티브를 가져왔기 때문에 우리의 심금을 울린다. 우리는 그 이야기 속에서 자신의 모습을 볼 수 있다. 이미 그 내막을 잘 아는 이들에게 배워서 세계를 인식하고 그 속에서 우리가 어느 위치에 있는지를 깨달아간다. 태어날 때 우리는 모두 이질적이고 낯선 세계와 맞닥뜨리는 신참 신세였지만, 일상의 대화를 통해 살아가는 법을 차근차근 배워간다.

성장을 위한 대화의 필요성을 절감해야 성장한다

잠언은 하나님의 세계에서 풍성한 삶을 누리려면 대화가 필요하다는 개념을 집중적으로 강조한다. 잠언은 아버지가 아들에게 개인적으로 조언하며 지혜와 명철을 얻으라고 간곡하게 타이르는 형식을 취한다(잠 1:8-9). 아버지는 자신의 말을 들으면 미련한 자가 되지 않을 것이며 인생을 망치지 않을 것이라고 약속한다(잠 1:32-33). 미련한 자가 지혜로운 사람으로 변화되는 일은, 하나님이 어떤 분이고 그분이 인생의 모든 일에 어떻게 영향을 미치시는지 한 사람이 다른 사람에게 알려줄 때 일어난다.

그런데 잠언을 읽다보면 "내 아들아"라는 호칭이 계속 사용되지만 이 책이 단순히 자녀들을 위한 책이 아님을 알게 된다. 현명한 사람은 변화로 이어질 수 있는 대화에 대한 감각을 발전시키며 이 대화는 평생에 걸쳐 이루어진다. 지혜로운 사람은 하나님 중심의 대화라는 한결같은 음악을 항상 가까이할 것이다. 자신에 대해서와 자신의 인생에 대해 이야기해주고 인생의 모든 부분이 하나님과 어떤 관계가 있는지 말해주는 사람을 기꺼이 환영할 것이다(예를 들어, 잠 1:5, 12:5, 15:22).

나아가 단순히 다른 이의 말을 듣는 일에만 집중하지 않고 함께 토론하고, 풍성한 삶을 살기 위해 기꺼이 듣고자 하는 사람과 대화할 것이다(예를 들어, 잠 12:18, 15:7, 16:23). 잠언은 말의 바다에서 헤엄치면서도 익사하지 않는 사람으로 현명하게 성장해가는 사람을 그리고 있다.

　예수님이 자기 백성에게 성령을 보내주신 후에도 여전히 그들이 대화를 통해 성장하게 하신 사실은 눈여겨 보아야 한다(예를 들어, 롬 15:14, 엡 5:18-20, 골 3:16, 살전 5:14, 딤후 2:2, 24-26, 4:2, 딛 1:9, 히 3:13). 그분은 우리가 그분의 백성과 지속적이고 결코 끝나지 않을 대화에 참여함으로 그리스도를 삶으로 드러내고 그분을 믿는 믿음이 생활 속에 실현되기를 바라신다. 하나님의 백성은 모두 그분의 말씀 사역에 참여하기 때문이다(벧전 4:10-11).

　예수님의 일생을 조금만 살펴보아도 교회가 지속적으로 대화를 나누어야 한다는 사실이 별로 놀랍지 않다. 무엇보다 주님이 끊임없이 대화하셨다. 수많은 기적을 일으키시고 선행을 베푸셨지만, 그분의 생애는 말씀 사역이 그 중심을 차지했다. 대표적으로 공식적인 가르침, 소모임 토론, 일대일 대화, 혹은 친구들과의 대화를 들 수 있다. 그분은 조용하고 과묵한 분이 아니었다.

　예수님이 우리를 그분과 하나 되게 하시고 우리 안에 성령을 부어주시기 때문에 그분처럼 말하는 법을 배우는 것은 당연하다. 예수님은 경건한 대화가 가능함을 보여주셨다. 그리고 우리 주변 사람들, 특별히 자녀에게는 이런 대화가 꼭 필요하므로 우리 역시 이런 대화에 전념하기를 원하신다.

선포된 십자가의 메시지를 듣고 반응함으로 일어난 힘찬 움직임이 여전히 작동하는 중이다. 우리는 말씀으로 하나님의 가족이 되고, 말씀으로 그분의 가정에서 자란다. 우리는 서로 지치지 않고 대화함으로 그분과 우리 자신과 다른 사람들과 우리 세계를 이해하게 된다. 또한 하나님의 세계에서 그분이나 다른 사람들과 교제하는 법을 배운다.

9장

덧붙이는 이야기:
할머니의 장례식

 호상이었다. 나의 할머니는 지난 10년간 점점 시력이 약해지셔서 사실상 실명 상태였고, 마지막 해를 요양 시설에서 휠체어에 앉은 채 보내셨다. 퇴원해도 좋겠다는 생각이 들 정도로 호전된 적도 있었다. 할머니는 편안하게 임종을 맞이하셨다. 그러나 어쨌든 죽음은 슬픈 일이었다. 아이들에게 어떤 방법으로 그 소식을 전해주어야 할지 고민이 되었다.

 미국에는 호상이란 개념이 없다. 죽음의 존재 자체를 거의 인정하지 않는 편이다. 비닐에 진공 포장된 소고기에서부터 호스피스 시설에 이르기까지 모든 산업은 죽음의 추한 실체를 사람들의 눈에 띄지 않는 특수한 공간에 안전하게 격리하는 데 집중한다. 대화 중에 죽음이라는 주제를 입에 올리는 법이 거의 없고, 죽음을 희귀한 비정상적 현상인양 치부한다. 다행히 성경은 오늘날의 문화보다 인생의 근본적인 문제들을 있는 그대로 드러내는 편이다.

그래서 저녁 식사 후 나는 아이들에게 할머니가 그날 아침 숨을 거두셨고 며칠 후 장례식을 할 것이라고 말했다. 이 말을 듣자마자 가장 어린 대니는 우리가 모두 장례식에 가야 하느냐고 물었다.

대니는 죽음에 관한 이야기를 끔찍하게 싫어한다. 가령 3년 전에 죽은 애완용 고양이 이야기는 절대 입 밖에 꺼내서는 안 되었다. 대니는 그 고양이를 떠올리기만 해도 금세 눈물이 그렁그렁해졌다. 할머니의 장례식 장면을 보고 재빨리 뒷걸음치며 피하는 모습이 금방 상상되었다.

감사하게도 나는 그날 아침 일찍부터 아이들에게 어떻게 말을 꺼내야 할지 고심하고 나름대로 방법을 정리해두었다. 대니의 질문에 대답해주고 캐시와 팀이 할머니를 잃은 슬픔을 잘 정리하도록 나는 그때까지 한 번도 토론해본 적 없는 전도서 7장 2-4절 말씀을 펴고 읽기 시작했다. "초상집에 가는 것이 잔칫집에 가는 것보다 나으니."

식탁에 둘러앉은 아이들의 황당해하는 표정을 보니 세 아이 모두 그 구절이 납득이 안 되는 모양이었다. 나는 계속해서 이어지는 구절을 읽었다. "모든 사람의 끝이 이와 같이 됨이라 산 자는 이것을 그의 마음에 둘지어다 슬픔이 웃음보다 나음은 얼굴에 근심하는 것이 마음에 유익하기 때문이니라 지혜자의 마음은 초상집에 있으되 우매한 자의 마음은…."

"재미있게 노는 데만 가 있다." 읽고 있던 성경 구절을 잠시 묵상하려는 차에 대니가 대뜸 끼어들어 그 뒷말을 완성했다.

나는 웃으며 "맞아. 재미있게 노는 데만 정신이 팔려 있지. '지혜자의 마음은 초상집에 있으되 우매한 자의 마음은 재미있고 즐겁게 노는 데만 가 있어'"라고 맞장구를 쳐주었다.

또다시 잠시 생각할 시간을 주고 나서 나는 이렇게 물었다. "재미있게 노는 것보다 죽음을 생각하는 것이 왜 더 낫다고 할까? 좀 이상한 말 같지 않니?"

아이들은 무언가를 생각하는 듯 미간을 찌푸리며 "맞아요"라고 하며 고개를 끄덕였다.

그래서 나는 "죽으면 무슨 일이 생길까?"라고 물었다.

"천국에 가거나 지옥에 가요."

"맞아. 하지만 천국에 가면 어떤 점이 특별히 좋은 거지?"

팀이 "천국에는 예수님이 계세요"라고 대답했다.

"그래. 죽으면 예수님이 계시는 곳으로 가거나 아니면…."

"예수님이 계시지 않는 지옥으로 가겠죠." 아이들이 한입을 모아 대답했다.

"예수님과 얼마 동안 천국에 있을까? 아니면 예수님이 없는 지옥에서는 얼마나 오래 있어야 할까?"

"영원히요." 아이들이 대답했다.

"270억 년?" 나는 물었다.

"더 오래요." 세 아이가 한 목소리로 대답했다.

"57조 년?" 나는 물었다.

"더 오래요." 아이들이 다시 입을 모아 이번에는 더 큰 소리로 답했다.

나는 엄지와 집게손가락으로 짧은 마디를 만들어서 그 길이가 아주 짧음을 보여주며 이렇게 말했다. "그렇다면 이 땅에 사는 시간이 1센티미터의 8분의 3이라고 하고, 다음 생이 여기서 태양까지(약 1억 5천만 킬로미터)의 거리만큼 된다면 어떤 인생을 마음에 두고 시간을 보내는 것이 더 현명할까? 8분의 3센티미터의 인생이겠니? 1억 5천만 킬로미터의 인생이겠니?"

아이들은 "1억 5천만 킬로미터요"라고 다 같이 대답했다.

"다음 주 화요일에 장례식에서 하려는 일이 바로 이거야. 아빠는 장례식에 가서 1억 5천만 킬로미터의 세상을 생각해볼 거야. 그런데 너희도 아빠하고 같이 가야 해. 장례식에 가면 슬퍼서 눈물이 나오겠지. 아빠도 그럴 거야. 아주 많이 슬플 거야. 하지만 1억 5천만 킬로미터의 세상에서 내가 누구와 함께 있고 싶은지 생각해볼 거야. 그리고 그 세상 때문에 8분의 3센티미터밖에 안 되는 지금의 세상에서 어떻게 살아야 하는지도 생각해볼 거야."

나는 계속 말을 이어갔다. "너희가 꼭 장례식에 참석해야 하는 건 아니야. 하지만 함께 가면 지금의 인생이 다음 세상으로 이어지는 시작점에 불과하다는 사실을 배우는 시간이 될 거야. 그리고 우리가 1억 5천만 킬로미터의 세상에서 누구와 함께 있고 싶은지 생각해보는 기회가 될 거라고 생각해."

이렇게 해서 우리는 모두 함께 장례식에 가기로 결정했고 며칠 후 장례식장으로 출발했다. 가는 길에 우리는 안전하게 다녀올 수 있도록 한마음으로 기도했다. 친척들과 함께 보낼 시간과 난생 처음 참석하는 장례식에도 잘 적응할 수 있게 해달라고 기도했다. 팀은 특별히 예수님께 이렇게 기도했다. "오늘 아침 이 짧은 8분의 3센티미터 세상만이 아니라 1억 5천만 킬로미터의 세상에 대해서도 생각하게 도와주세요."

자녀가 인생의 문제를 진지하게 고민하는 것은 바람직하다. 그런데 이것은 부모의 도움이 없이는 불가능하다. 하나님은 말씀하실 때 죽음과 같은 인생의 문제들을 바라보고 이해할 수 있는 특정한 시각과 우리가 사용할 수 있는 어휘들을 주셨다. 하나님의 사고방식이 너무나 완벽하고 합당하기 때문에 우리나 아이들은 이런 시각을 이해하고 받아들일 수 있다. 그들이 하나님의 시각을 받아들이도록 요청하는 일에는 우리의 목소리가 꼭 필요하다.

■ 이 이야기는 나의 책 『세대를 이어 전해지는 은혜』(*Grace through the Ages*, Ambler, PA: Tillett Consulting, 2012)에서 처음 소개한 내용이다.

우리는 자녀가 우리를 억지로 사랑하게 하거나,
우리와 함께 있고 싶은 마음이 들게 하거나
잘 지내도록 강요할 수 없다.
하지만 구애는 할 수 있다.
하나님의 세계에서 살아가는 경험을 하게 해주어서
그들이 더 나은 것을 갈망하도록 이끌 수 있다.
하나님이 말씀으로 우리에게 하시듯이 말을 사용해
그들을 사랑하고, 포기하지 않고 끝까지 다가가며,
훈련하고, 관계를 누릴 수 있다.
그렇게 함으로 아이들은 부모를 통해 하나님의 성품과
속성을 경험하고 인지하는 기회를 얻는다.
그 기회들은 부모와 하나님을 더 알고 싶고
관계를 누리고 싶은 마음이 생기게 해줄 것이다.

2부

소망

우리가 대화에 실패했어도
예수님은 여전히
우리를 대변하고 계신다.

10장
때로 대화하기가 싫다

부모는 의도적으로 자녀의 인생에 개입해서 하나님이 어떤 분이며 어떻게 세계에 관여하시는지 이야기해주어야 한다. 그렇게 해야 자녀가 올바로 하나님을 보고 그분의 세계 속에서 제대로 성장할 기회를 얻을 수 있다. 이런 기회들은 하나님이 설계하신 대로 매일 찾아오지만, 많은 사람이 여러 가지 이유로 그 기회들을 외면하고 멀리한다. 이렇게 대화의 기회를 외면하는 대표적인 경우를 소개해보겠다. 일부는 우리에게도 익숙할 것이다.

우리는 주로 다음과 같은 이유로 대화를 꺼린다.

- 힘들고 고된 긴 하루를 보내서 피곤하다.
- 무슨 말을 할지 몰라서 어색하다.

- 주제 자체에 심한 부담감을 느낀다.
- 할 일이 많아서 도무지 짬을 낼 수가 없다.
- 문제를 해결하기에 자신이 역부족이라고 생각한다.
- 다른 것에 더 흥미를 느끼고 그 문제에 관심을 쏟는다.
- 상대가 듣고 싶어 하지 않는 말을 할 때마다 비난을 받았다.
- 오지랖 넓게 참견한다고 거부할까 봐 겁이 난다.
- 서로 얼굴을 붉히며 대화를 끝냈기 때문에 다시 말을 꺼내기가 두렵다.
- 바보 같은 말을 했거나 화를 내며 말했기 때문에 나의 본모습이 들켰다는 생각이 든다.
- 누군가의 반응을 미리 판단하고 두려움을 느낀다.
- 대화하고 싶지만 상대방이 나를 원하지 않는다고 느낀다.

이런 두려움이나 부정적인 감정 중 해당되는 항목이 있는가? 나는 해당 사항이 있다. 이 외에도 다른 여러 목록을 추가할 수 있고, 그중에 당신의 상태를 더 잘 표현하는 예시도 있을 것이다. 죄로 가득한 세상에서 자녀와 유익한 대화를 방해하는 자기 보호와 자아도취라는 공통의 문제는 수많은 유형으로 나뉜다.

그러나 결과는 동일하다. 자녀와 대화하지 않으면 결국 그들이 세상의 거짓말을 믿도록 방치하게 될 것이다. 자녀와 소통하기를 포기하거나 그들을 외면하고 꼭 필요한 말을 하지 않을 때 부모는 의도치 않게 자녀를 기만한다. 또한 대화를 하더라도 말하기 편하게 진리를 가공하거나, 자신의 주장을 강화하기 위해 진리를 왜곡하는 것도 자녀를 기만하는 일이다.

진실을 숨기거나 장황하게 진실을 부풀릴 때, 부모는 자녀에게 세상에 관해 거짓된 상을 전달하게 된다. 현실을 잘못 알려주는 것이다. 결코 바람직하지 않은 일이다. 이는 더 큰 문제를 유발한다. 자녀들로 하여금 그 거짓된 상이 사실인 양 그것과 상호 교류하도록 인도할 수 있다. 그러면 그들은 생각 속에나 존재할 뿐 실제로 존재하지 않는 세상을 상상하고 말하며 그 세상과 상호 작용하게 된다. 부모는 진실을 생략하거나 변질시켜서 자녀가 그 세상을 구축하는 일에 일조한 것이다.

우승할 가능성이 별로 없는데도 많은 사람이 오디션 프로그램 '아메리칸 아이돌'에 앞다투어 참가하는 것이 바로 이런 이유에서다. 예선 참가자들의 참가 소감을 들어본 적이 있는가? 희망에 부풀어 목청껏 노래를 부르고 기량을 뽐내는 열성적인 여성 참가자를 한번 보자. 솔직히 말해 그녀의 목소리는 듣고 있기가 괴로울 지경이다. 대체 왜 이런 일이 벌어지는지 궁금해한 적이 없는가?

나는 내가 노래에 재능이 없다는 사실을 잘 안다. 그래서 그 사실을 증명하려고 전국으로 생중계되는 프로그램에 나가고 싶어 하지 않는다. 분명히 많은 다른 사람도 그럴 것이다. 그러나 이 경연 프로그램을 보고 있으면 이런 생각이 저절로 든다. "저런… 저 애들은 친구가 없나? 아끼는 마음으로 조용한 곳에 데리고 가서 '넌 정말 많은 재능을 가진 멋진 친구야. 그런데 노래에는 재능이 없는 것 같아. 이렇게 전 국민이 보는 오디션에 출연해서 스스로 망신을 사고 싶니?'라고 말해줄 사람이 없다는 말인가?"

이렇게 허망한 희망으로 들뜬 사람에게 아무도 이렇게 진지하게 조언하지 않는 이유는 무엇인가? 생일 축하 노래를 함께 부를 때 옆에서 들어보았거나, 집에서 노래를 부르는 것을 들었거나, 노래방에 가서 함께 노래를 부르면서 그에게 가수로서 재능이 없다는 사실을 확인한 누군가가 분명히 있었을 것이다.

단순히 별나게 행동하는 한두 사람을 이야기하는 것이 아니다. 툭하면 박자나 음정을 놓치면서도 어떻게든 예선에 참가하려는 사람이 생각보다 많다는 사실을 이야기하는 것이다. 왜 누군가가 나서서 그들에게 진실을 말해주지 않는가?

앞에서 거론한 이유들 때문이다. 사람들은 친구의 기분을 상하게 하고 싶어 하지 않는다. 혹은 친구가 어떤 반응을 보일지 걱정한다. 불편한 대화를 해야 한다는 사실 자체가 싫다. 혹은 그렇게 해서 그들 사이가 멀어질지 모른다고 염려한다. 이런 여러 이유로 사람들은 자신이 원하는 방향으로 인생이 흘러가기를 바라며 친구에게 사실을 정직하게 말해주지 않는다.

진실을 다듬고 손질하는 핵심적인 이유가 바로 이것이다. 솔직하게 이야기하면 찾아올 결과를 상황에 따라 판단한다. 그렇게 해서 정말 원하는 무언가가 위험해지리라 생각하면 정직하게 이야기하지 않는다.

사실을 가공하는 일은 어릴 때부터 시작된다. 계속 놀고 싶어서 거짓말로 이를 닦았다고 말하는 어린 소년을 생각해볼 수 있다. 소년은 계속 재미있게 놀고 싶다. 솔직히 말하면 재미없는 일을 해야 한다는 것을 알기 때문에 소년은 거짓말을 하고 자신이 만든 세계로 부모를 끌어들인다.

혹은 간식을 먹고 싶어서 저녁 식사 전에 몰래 쿠키를 가져간 것을 숨기고 거짓말하는 어린아이를 생각해보라. 그 아이는 허구의 세계, 즉 거짓된 세계를 부모에게 만들어 보여서 원하는 것을 지킨다.

사람들은 나이가 들수록 사실을 더욱 교묘하게 가공한다. 부모에게 남자 친구와 헤어졌다고 거짓말한 어떤 여대생이 떠오른다. 그녀는 부모의 반대에도 여전히 그 남자 친구와 만나고 있었다. 그녀는 사실대로 말하면 부모가 관계를 끝내라고 압박할까 두려워했다.

또 다른 사례도 떠오른다. 아내와 별거하게 된 한 젊은이가 있었다. 그는 다른 사람들이 자신의 상황을 알면 이미지가 나빠질까 봐 두려워서 여전히 결혼 생활을 유지하는 것처럼 모두를 속였다. 사람들이 그의 실상을 알고 실망할 것이 두려워 자신의 평판을 지키려고 진실을 밝히지 않았다.

이런 사람들에게서 자신의 모습이 보이지 않는지 굳이 자문할 필요가 없다. 당연히 우리도 이들과 다를 바가 없기 때문이다. 이 땅에 사는 사람은 누구나 자신이 원하는 것을 놓치지 않기 위해 사실이나 진실을 왜곡하기도 한다. 고의로 거짓말할 마음은 없지만 우리가 말한 것이나 말하지 않은 것 혹은 그 말을 하는 태도로 우리는 존재하지 않는 세계를 전달하고, 다른 사람을 그 세계에 들어오도록 초청했을 것이다. 성인을 상대로 이런 짓을 한다면 매우 나쁘다. 그런데 이제 막 세계와 그 안에서 자신의 위치를 갓 배우려고 하는 자녀에게 이런 행동을 하는 것은 훨씬 더 나쁘다.

하지만 낙심하지 말라. 당신만 그런 것은 아니다. 하나님과 가까웠던 사람들 중에도 우리처럼 이런 일을 저지르고 인생을 혼란으로 몰고 간 이들이 있다. 왜곡된 현실상을 보여주고 다른 사람들을 끌어들인 것이다. 당신이 바로 그 사람이라면 어떻게 해야 하는가? 진실을 말해야 하는데도 그렇게 하고 싶지 않을 때 어떻게 해야 하는가?

우리에게는 희망이 필요하다. 관계가 완전히 망가져 회복이 불가능할 정도로 절망적이지 않다는 희망이 필요하다. 그리고 성장해서 더 나은 대화 방식을 배움으로 주변 사람들에게 유익을 끼칠 수 있다는 희망이 필요하다. 다시 말해, 우리가 자녀와 대화할 때 우리보다 더 위대하고 훌륭한 누군가가 개입해줄 수 있다는 사실을 알아야 한다는 뜻이다.

창세기 20장에서 사람들에게 거짓말하는 아브라함의 이야기는 바로 이 희망의 메시지를 담고 있다. 이 이야기는 다음 몇 장에 걸쳐 살펴볼 중요한 사례 연구에 해당한다.

> **창세기 20장**
>
> 아브라함이 거기서 네게브 땅으로 옮겨가 가데스와 술 사이 그랄에 거류하며 그의 아내 사라를 자기 누이라 하였으므로 그랄 왕 아비멜렉이 사람을 보내어 사라를 데려갔더니 그 밤에 하나님이 아비멜렉에게 현몽하시고 그에게 이르시되 네가 데려간 이 여인으로 말미암아 네가 죽으리니 그는 남편이 있는 여자임이라 아비멜렉이 그 여인을 가까이하지 아니하였으므로 그가 대답하되 주여 주께서 의로운 백성도 멸하시나이까 그가 나에게 이는 내 누이라고 하지 아니하였나이까 그 여인도 그는 내 오라비라 하였사오니 나는 온전한 마음과 깨끗한 손으로 이렇게 하였나이다 하나님이 꿈에 또 그에게 이르시되 네가 온전한 마음으로 이렇게 한 줄을 나도 알았으므로 너를 막아 내게 범죄하지 아니하게 하였나니 여인에게 가까이하지 못하게 함이 이 때문이니라 이제 그 사람의 아내를 돌려보내라 그는 선지자라 그가 너를 위하여 기도하리니 네가 살려니와 네가 돌려보내지 아니하

면 너와 네게 속한 자가 다 반드시 죽을 줄 알지니라 아비멜렉이 그날 아침에 일찍이 일어나 모든 종들을 불러 그 모든 일을 말하여 들려주니 그들이 심히 두려워하였더라 아비멜렉이 아브라함을 불러서 그에게 이르되 네가 어찌하여 우리에게 이렇게 하느냐 내가 무슨 죄를 네게 범하였기에 네가 나와 내 나라가 큰 죄에 빠질 뻔하게 하였느냐 네가 합당하지 아니한 일을 내게 행하였도다 하고 아비멜렉이 또 아브라함에게 이르되 네가 무슨 뜻으로 이렇게 하였느냐 아브라함이 이르되 이곳에서는 하나님을 두려워함이 없으니 내 아내로 말미암아 사람들이 나를 죽일까 생각하였음이요 또 그는 정말로 나의 이복 누이로서 내 아내가 되었음이니라 하나님이 나를 내 아버지의 집을 떠나 두루 다니게 하실 때에 내가 아내에게 말하기를 이후로 우리의 가는 곳마다 그대는 나를 그대의 오라비라 하라 이것이 그대가 내게 베풀 은혜라 하였었노라 아비멜렉이 양과 소와 종들을 이끌어 아브라함에게 주고 그의 아내 사라도 그에게 돌려보내고 아브라함에게 이르되 내 땅이 네 앞에 있으니 네가 보기에 좋은 대로 거주하라 하고 사라에게 이르되 내가 은 천 개를 네 오라비에게 주어서 그것으로 너와 함께한 여러 사람 앞에서 네 수치를 가리게 하였노니 네 일이 다 해결되었느니라 아브라함이 하나님께 기도하매 하나님이 아비멜렉과 그의 아내와 여종을 치료하사 출산하게 하셨으니 여호와께서 이왕에 아브라함의 아내 사라의 일로 아비멜렉의 집의 모든 태를 닫으셨음이더라.

11장

하나님을 제대로 대리하지 못한 아브라함

아브라함은 사라가 자신의 누이라고 거짓말했다. 그는 낯선 땅으로 막 들어왔고 겁에 질려 있었다. 사람들이 사라가 그의 아내라는 사실을 알고 그녀를 차지하려 자신을 죽일까 봐 두려웠다(틀린 생각일 수도 있고, 정확한 판단일 수도 있다). 그 땅에 발을 디딜 때부터 그는 '사라를 내 누이라고 하면 나를 죽일 이유가 없겠지'라고 생각했다. 맞다. 하지만 그의 추측은 절반만 맞았다. 사라에 대한 사람들의 관심이 사라지기는커녕 오히려 정반대 일이 일어날 수 있음을 미처 알지 못했다. 관심을 두지 말아야 할 이유가 없었기 때문에 오히려 사라에게 이목이 집중되었다.

결국 아브라함은 아비멜렉과 매우 불편한 관계가 되었다. 상세한 경위는 알 수 없지만 사라는 아비멜렉의 눈에 띄었고, 그는 그녀를 후궁으로 삼기 위해 사람을 보냈다.

아브라함이 4개국 연합 군대와 싸워 이긴 318명의 사병을 이끌 정도로 많은 종을 거느렸음을 기억하라(창 14:11-16). 그는 만만하게 여길 상대가 아니었다. 그래서 개인적으로 나는 아비멜렉이 아브라함의 '누이'와 혼인할 목적을 가지고 외교적으로 접근한 것은 아닌가 생각한다. 아브라함은 이런 식의 접근이 불쾌했겠지만, 아비멜렉이 사라를 부르려고 사람을 보냈을 때만큼은 아니었을 것이다.

앞서 대화가 오갔는지 여부는 알 수 없지만 아비멜렉이 두 사람의 실제 관계를 몰랐다는 사실은 분명하다. 즉, 아브라함이 사라와의 관계에 대해 침묵을 지켰다는 말이다. 아비멜렉을 부추기지는 않았겠지만 공개적으로 반대 의사를 표명하지 않았음은 분명하다. 상황이 급박하게 돌아가기 전에 아브라함이 목청을 가다듬고 "송구스럽지만 제가 거짓말을 했습니다. 미안합니다"라고 말해야 했지만 그 시기는 놓쳐버린 지 오래였다.

아브라함은 사실을 말하지 않았다. 그래서 아비멜렉이 사라를 데려가려 사람을 보냈고, 아브라함은 제 힘으로는 도무지 해결 불가능한 상황에 빠지고 만 것이다. 이제 그는 아내와 당장 발등에 불이 떨어진 문제로 대화를 나누어야 했다. 아브라함이 사라에게 "여보, 나쁜 소식이 있어요"라고 말하는 장면이 그려지는가? 아내가 물건을 챙겨 다른 남자와 살기 위해 집을 떠나는 모습을 지켜보면서 그는 무슨 생각을 했을까?

사건의 경과를 볼 때 아브라함이 일회적이거나 순간적으로 상황을 모면하고자 거짓말한 것이 아님을 분명히 알 수 있다. 그는 미리 그 거짓말을 계획했을 뿐 아니라 그것을 취소할 기회가 여러 번 있었지만 아무 행동도 하지 않았다. 두려움은 강력하다. 기만의 길로 한번 접어들기 시작하면 계속 그대로 가는 것 외에 다른 선택을 내리기 쉽지 않다.

거짓말은 계속해서 파장을 불러일으킨다. 아브라함은 아비멜렉에게 솔직하게 사실을 말하지 않았다. 그리고 아비멜렉은 진실이 무엇인지 확인하려 노력하지 않고 들은 소문을 그대로 믿었다. 사라가 아브라함의 누이라고 생각했기 때문에 그녀를 자신의 후궁으로 삼으려는 것이 왜 문제인지 알지 못했다. 아브라함이 '스스로를 지키고자 한' 작은 거짓말은 그와 그의 가족뿐 아니라 주변 모든 사람에게 영향을 미쳤다.

거짓말이 나쁜 이유가 바로 이것이다. 거짓말하는 것은 이웃을 진심으로 사랑하지 않는 것이다. 거짓말은 다른 이들의 안녕을 고려하지 않는다. 세상에 대한 거짓된 시각을 마치 진실인 양 제시한 다음, 주변 사람들이 그 거짓된 세계와 상호 교류하도록 이끈다. 다른 사람들을 위해 만들어낸 그림이 사실이 아닐 때, 우리는 사람들로 하여금 다른 이들은 물론이고 자기 자신에게도 분명히 해를 끼칠 방식으로 행동하도록 덫을 놓는 셈이다. 거짓말은 애초에 나쁜 의도로 시작하지 않았더라도 언제나 대가를 치르기 마련이다.

이제 아브라함은 대가를 치르고 있음을 절감했다. 사라는 그 대가를 더욱 뼛속 깊이 체감했다. 그러나 사실 이제 온 세상이 대가를 치르게 될 것이다. 창세기의 이 시점에서는 약속하신 후손이 아브라함과 사라의 동침으로 출생하리라는 것이 분명히 밝혀졌다(창 17:15-22). 그 아들은 자기 백성을 구하고 사탄의 머리를 짓밟을 메시아(창 3:15)의 조상이 될 것이다. 사라가 아브라함의 장막을 떠남으로 이제 약속된 아이의 운명이 경각에 달리게 되었다. 아브라함은 꿈에도 생각하지 못한 엄청난 대가를 치러야 하는 것이다.

그런데 아브라함의 거짓말로 하나님 역시 대가를 치르셔야 했다. 그 대가가 무엇인지 알기 위해서는 전체 그림을 보아야 한다. 하나님이 자신의 형상으로 사람을 만드신 것은, 그들이 다른 피조물들에게 보이지 않는 하나님을 알리는 가시적인 그림이 되어 주변 사람들과 세계에 그분을 대리하게 하시기 위함이었다(창 1:26-28).

에덴 동산의 반역이 용납할 수 없는 악행인 이유가 바로 이 때문이다. 하나님의 형상이 하나님의 세계에서 하나님의 도를 거부하고 다른 목소리를 좇아간 것이다. 그들은 순식간에 하나님의 영광을 반영하는 특권을 버리고 뱀의 추함을 삶에 투영하게 되었다.

창세기는 그다음 몇 장을 할애하여 악이 넓고도 깊게 퍼져 나가 온 세상을 오염시킨 것으로 모자라 모든 인간의 마음에 침투해서 더욱 악화일로로 치닫는 이야기를 자세히 소개한다.

- 다른 이들에게 잘못을 전가하는 3장의 이야기는 4장의 살인 사건으로 이어진다.
- 6장은 인간의 마음에 악이 깊이 뿌리내려 인간의 모든 성향이 항상 악할 뿐이었다고 설명한다(창 6:5). 하나님은 세상을 정화하는 홍수로 세상을 심판하셨다(창 6-9장). 하지만 이런 엄청난 재앙으로도 죄로 오염된 인간의 상태는 달라지지 않았다(창 9:18-28).
- 11장은 인류가 하나님의 형상으로 세상을 충만하게 하는 본래의 사명(창 1:28)에서 멀리 이탈한 사실을 지적하면서 창세기의 한 대단원을 마무리한다. 사람들은 하나님의 영광을 선포하기 위해 온 세상으로 흩어지는 대신 바벨이라는 한 도시에 모두 모여 스스로 이름을 내고자 했다(창 11:4).

그런 다음 12장으로 접어들면 매우 평범한 사람이 등장한다. 바로 아브라함이다. 그는 광야를 떠돌아다니는 유목민이었고 지극히 평범한 사람이었다. 그러나 하나님이 아비멜렉을 꾸짖으실 때 아브라함을 무엇으로 칭하셨는지 아는가? 선지자였다(창 20:7). 아브라함은 하나님을 대리하는 사람이었다. 전혀 유명하지 않았고 크게 두드러진 재능도 없었지만 하나님은 자신을 계시하는 도구로 그를 사용하기로 결정하셨다. 아브라함의 말은 곧 하나님의 말씀인 셈이었다. 그는 새로운 아담이었다.

하나님의 대리자라는 참으로 고귀한 소명을 받은 이 사람이 입을 열어 뱀과 다름없는 말을 한다. 후에 예수님은 사탄을 거짓말쟁이와 거짓의 아비라고 부르셨다(요 8:44). 그런데 여기에 하나님의 새 대리자인 아브라함이 뱀과 진배없이 거짓말을 하고 있다. 그는 자기 가족을 깨뜨렸고 아비멜렉과 그의 가족을 위험에 빠뜨렸다. 하지만 더 큰 문제는 우주에 하나님을 잘못 대변했다는 것이다.

비극이 아닐 수 없다. 하나님은 에덴의 참사를 다시 회복하고자 일하는 중이셨는데, 아브라함은 그 참사를 오히려 재현하는 데 열중하고 있었다.

남의 이야기라고만 생각되는가? 우리를 지으신 창조자가 아닌 뱀을 대변한 적은 없었는가? 원하지 않는 일이 일어날지 모른다는 두려움에 못 이겨 진리를 꾸며낸 적은 없었는가? 자신의 현재 상황과 배우자에 대해 거짓말한 적은 없었는가? 우리는 모두 지향하는 목적과 그 목적을 이루기 위해 거짓말을 한 적이 있다. 사람들이 잘못된 방향을 바라보도록 적극적으로 방향을 제시한 적도 있다.

이런 일은 창세기 20장처럼 거대한 규모로 발생한다. 매일 대부분의 사소한 일상에서 이런 일이 벌어진다. 대학 시절 한 수업에서 담당 교수님이 그룹 토의를 진행하려고 했지만 아무도 나서서 토론에 참여하지 않았던 적이 있다. 결국 그 교수님은 "학생들은 이번 주에 읽어야 할 과제를 읽었나?"라고 물었다. 아무도 질문에 대답하지 않자 그는 나를 꼭 집어 같은 질문을 했다. "자네는 과제를 어느 정도 읽어왔나?"

나는 그의 눈을 똑바로 바라보며 이렇게 대답했다. "거의 다요"('거의 다'라는 말은 대략 51퍼센트 정도 읽었다는 말이었다). 다만 "거의 다요"라는 말을 교수님이 90퍼센트 가까이 읽었다는 뜻으로 해석하리라는 것을 알고 있었다. 그리고 실제로 교수님도 그런 의미로 받아들였다. 그 순간 나는 의도적으로 하나님을 잘못 대리했다. 내가 성실한 학생이라고 생각하도록 하나님의 또 다른 형상을 속이고 있었다.

우리는 실제로 하는 말과 하지 않은 말로 하나님을 잘못 대리하기가 너무나 쉽다. 우리가 방문한 인터넷 사이트 때문에 아내가 상처받거나 화내리라는 사실을 알기 때문에 당연하다는 듯이 그 사실을 숨긴다. 혹은 남편이 신용 카드 지출 내역을 보고 낭비했다고 질책할 것 같아서 들키지 않도록 현금을 사용하는 아내도 있다. 혹은 내가 능력 밖의 일을 할 수 있으리라고 상사가 잘못 알고 있는데도 그 사실을 바로잡지 않는 경우도 있다.

사실을 알려야 하는데 그러지 않는다고 해서 절대 이해 못 할 바는 아니다. 하지만 그런 경우 당신의 목표는 사람들에게 자신을 더 미화해서 보여주는 것이다. 하나님을 잘못 대리하는 이런 수동적인 방법이 적극적으로 하나님을 잘못 대리하는 것 못지않게 치명적이라는 사실을 배우는 데는 그리 긴 시간이 걸리지 않는다. 에덴동산을 망치는 데 일조한 자기중심적이고 감사할 줄 모르는 뱀을 대리할 때마다 우리 인생은 동일한 파멸에 이를 것이다.

아브라함은 아비멜렉에게 수동적으로나 적극적으로 하나님을 잘못 대리하면서 스스로 바로 이 길을 걸어갔다. 슬프게도 이런 일은 너무나 흔하다. 하지만 놀랍게도 그 길에서 아브라함을 도우려고 손을 내민 특별한 누군가가 있었다.

12장

하나님이 아브라함을 대변하시다

당신이 하나님이라면 아브라함의 배신에 어떻게 반응하겠는가? 나 같으면 응분의 대가를 치르게 했을 것이다. "지금 무슨 짓을 하고 있는지 아느냐? 인류를 구원하려고 내가 얼마나 애쓰고 있는지 보아라. 네게 개인적으로 약속했던 것을 한번 떠올려보아라. 내가 네 목숨을 지켜줄 수 없었다면 네게 후손과 네 가족이 살 곳을 주겠다고 맹세하지 않았을 거다(창 15:12-21). 그토록 유명하다는 너의 믿음은 대체 어디 있는 거냐?(롬 4:3, 히 11:8-10, 약 2:23) 네게 조금이라도 용기가 있었다면 상황이 이렇게 엉망이 되지는 않았을 거다."

혹은 이렇게 직접적으로 감정을 표출하는 유형이 아니라면 아마 좌절감으로 한숨을 쉬며 두 손 들고 포기하고 싶은 마음이 들었을 것이다. "알겠다, 아브라함. 네가 자초한 일이니 오롯이 혼자 감당해야 할 거다. 이제 네가 저지른 일의 대가를 치러야 할 때다. 아마 사라를 잃어보아야 정신을 차리겠지."

더 최악의 경우는 다음과 같다. "아브라함, 그걸 아느냐? 나는 이런 말도 안 되는 일에 낭비할 시간이 없다. 세상을 구해야 하는데 너는 전혀 도움이 안 되는구나. 나를 더 잘 대리할 사람을 찾아야 하니 넌 아무 소리 말고 처박혀 있거라."

하나님은 절대 이런 식으로 일하지 않으신다. 뒷짐을 지시고 모르는 척하지도 않으신다. 행동하신다. 개입하신다. 먼저 주도하신다. 하지만 아브라함이 책임감을 가지고 마땅히 해야 할 일을 하고 스스로 변호할 수 있도록 그에게 죄책감을 심어주는 쪽으로 몰아가지 않으셨다. 또한 자신을 실망시켰다고 그를 꾸짖지도 않으셨다. 실제로 하나님은 아브라함을 아예 찾아가지 않으셨다. 그 대신 아비멜렉을 찾아가셔서 꼬인 상황을 바로잡는 일에 착수하셨다.

하나님과 아브라함은 극적인 대비를 보여준다. 아브라함은 행동할 시간이 충분했는데도 행동하지 않았던 반면, 하나님은 시간을 조금도 허비하지 않으셨다. 사라를 가까이하거나 그녀와 동침하기 전에 아비멜렉을 저지하려 신속히 행동하셨다(창 20:4, 6). 아브라함보다 더 적극적으로 그의 인생에 개입하셨다.

하나님은 불간섭 정책으로 세상을 운행하지 않으신다. 사람들에게, 특별히 자기 백성에게(특히 애쓰고 노력하지만 오히려 자기 인생을 망치는 사람들에게) 일어나는 일에 관심을 갖고 행동하신다. 우리를 보살피시며 우리가 스스로 망친 인생을 돌아보신다.

하나님이 아브라함을 위해 하신 일을 보면 그의 인생에 개입하심으로 대가를 치르셨음을 알 수 있다. 하나님은 무슨 일을 하셨는가? 하나님은 아비멜렉에게 말씀하셨다. 대화를 하셨다. 현재 맥락에서 이 사실은 매우 중요하다. 여기서 일어난 일을 건성으로 읽지 말아야 한다. 하나님은 아비멜렉이 이해할 수 있는 말을 사용하셔서 거짓이 아니라 사실을 알게 하셨다. 사라가 실제로 누구이며 상황을 바로잡지 않으면 아비멜렉과 그와 관련된 사람들에게 무슨 일이 일어날지 알려주셨다.

하나님은 사라가 아브라함에게 돌아갈 수 있도록 아비멜렉과 대화를 시작하셨다. 자신의 입을 사용하셔서 아브라함에게 유리하도록 상황을 알려주셨다. 아비멜렉이 사태를 정확히 파악할 수 있도록 진지하게 말씀해주셨다. 누구와 관련된 사태인가? 아브라함이다. 하나님은 자신에 대해 말씀하지 않으시고 아브라함의 입장을 아비멜렉에게 대변하셨다. 하나님은 역할을 바꾸셔서 아브라함의 선지자가 되어주셨다. 이렇게 역할을 뒤바꾸는 것은 스스로를 비하하시는 일이었다. 하나님은 아브라함의 대리인이 되셔서 아브라함이 처한 상황을 정확히 알려주셨다.

이 순간 우리는 하나님의 마음을 볼 수 있다. 하나님이 이렇게 그를 대변하신 것은, 그분의 세상이 풍요롭게 되거나 그분께 더 이득이 되기 때문이 아니었다. 하나님은 열국의 조상으로 아브라함 대신 다른 사람을 선택하실 수도 있었다(창 17:4). 그러나 다른 사람을 원하지 않으셨다. 아브라함에 대한 의무를 스스로 지신 이유가 이 때문이다(창 15:8-21).

하나님은 이렇게 아브라함을 대변하셨고 그의 인생을 책임져주셨다. 하나님은 자기 백성이 자격 없다 해도 돌아보시고, 하나님을 제대로 대변하지 않는 사람들도 돌보아주신다. 실수와 과오를 추궁하지 않으시고, 우리가 스스로 더 나은 인생을 일구어낼 적격자가 아니어도 우리를 위해 행동해주신다.

그렇다고 항상 우리에게 편안한 인생이 보장된다는 의미는 아님을 유의하라. 하나님이 아브라함을 대변하셨다는 것은 아브라함이 아비멜렉과 대화하는 것이 매우 어려운 일이었음을 의미한다(창 20:9-13). 아브라함은 아비멜렉과 사라에게 한 짓을 실토해야 했고 비겁하게 행동했던 이유도 고백해야 했다. 그것이 쉬운 일은 아니었다. 그러나 구속을 바라는 하나님의 열망에 비추어볼 때 그가 저지른 추악한 일을 자백하는 행위라도 칭찬받아야 할 부분은 있다.

아브라함은 거짓말을 할 수밖에 없었던 사정을 이야기하며 자기 잘못을 털어놓았고, 그로써 자신이 저지른 일을 정확하게 알리며 진리의 하나님을 대변하게 되었다. 그 순간 그는 사람들에게 사실을 숨기지 않고 진실을 있는 그대로 정직하게 이야기함으로 하나님을 대리하는 역할을 회복했다. 하나님의 대리자들이 맡은 역할을 제대로 해내지 못할 때도 하나님은 실패를 만회하도록 방편을 마련하심으로 그분을 영화롭게 할 길을 열어주신다. 이런 일을 가볍게 생각해서는 안 된다. 하나님은 우리가 신실하게 하나님을 대리하지 못했다 해도 올바로 살아갈 길을 늘 준비해주실 것이다.

이 이야기의 핵심은 하나님이 우리가 원하는 삶을 살 수 있도록 세상을 바꾸어주신다는 것이 아니다. 핵심은 우리가 마땅히 있어야 했던 자리로 회복시키시기 위해 하나님이 우리 인생에서 일하고 계신다는 것이다.

그런데 하나님이 단순히 진실을 말하는 역할로 아브라함을 회복시키시는 것 이상의 일을 하셨음을 알아차렸는가? 하나님은 그의 사역을 회복시켜주셨다. 하나님은 아비멜렉을 찾아가셔서 사라를 돌려보내면 그의 가족이 만사형통한 복을 누릴 것이라고 말씀하지 않으셨다. 아비멜렉에게는 대신 기도해줄 아브라함이 여전히 필요했다. 아브라함은 일찍이 포기했던 역할을 회복했다.

하나님은 그에게 "알았다, 아브라함. 이 일이 네게 너무 벅차다는 것을 알겠다. 그냥 앉아 있거라. 이제부터 내가 다 알아서 하겠다"라고 말씀하지 않으셨다. 오히려 아브라함이 이 세상에서 맡은 역할을 회복시켜주심으로 아비멜렉과 그의 가족을 중보하도록 직접 개입하셨다. 그는 또다시 다른 사람들 대신 하나님께 중보했다(창 20:17). 하나님은 아브라함이 선지자라는 역할을 다시 맡을 수 있도록 그를 대변해주셨다.

이런 아브라함의 모습에서 우리는 희망을 확인한다. 하지만 '내가 아브라함처럼 특별한 사람이 아니라면 어떻게 되는 거지?' 하는 생각이 갑자기 들 수 있다. 우리는 아브라함처럼 말을 사용하여 자녀에게 하나님을 잘못 대변했고, 진실을 제대로 알리지 못했다. 심지어 우리는 아브라함처럼 하나님이 직접 나타나셔서 맹세하셨던 것과 같은 경험을 한 적도 없다(창 15:9-21).

우리 입을 제대로 사용하지 못했을 때 우리에게는 어떤 희망이 있는가? 이 질문은, 성경의 모든 내용처럼 이 이야기 역시 그리스도 안에서 성취되었음을 깨닫는 것이 얼마나 중요한지를 드러낸다.

13장

예수님이 우리를 대변하신다

아브라함은 무결점의 새로운 아담이 아니었다. 하나님을 우주에서 완벽하게 대리함으로 새 인류의 선구자이자 창시자가 될 수 있는 사람이 아니었다. 그러나 예수님은 달랐다. 신학자들이 예수님을 '둘째 아담'이라고 부른 이유가 여기에 있다. 예수님은 지상에 계시는 동안 모든 말과 행위로 하나님을 완벽하게 대리하셨다. 주님의 행동을 보고 말씀을 듣는다는 것은 하나님을 보고 듣는 것이나 다름없었다.

그러나 예수님은 하나님을 대리하는 이상의 일을 하셨다. 그분은 사람들을 하나님 앞으로 인도하셨다. 하나님 앞에서 사람들을 대변하셨고 그들을 위해 중보하셨다. 자기 친구들을 위해 기도하셨다. 그들의 평안을 위해 기도하셨고 그들이 넘어질 때 기도

하셨다(눅 22:32, 요 17:9, 15). 심지어 그분을 미워하는 사람들을 위해 기도해주시고(눅 23:34) 원수를 위해 기도하라는 가르침(마 5:44, 눅 6:28)을 삶으로 실천하셨다.

또한 육신이 되신 하나님의 말씀(인류에게 하나님의 음성을 물리적으로 체현하신)이신 예수님은 이 땅의 육신들을 대신하여 하나님께 간청하셨다. 자신의 친구들을 하나님 앞에서 대변하시고 하늘 보좌에서 그들의 최선의 유익을 위해 로비하신 것이다.

예수님은 2천 년 전 소수의 사람만을 대변하신 것이 아니라 당시에도 이미 기도로 우리를 생각하시고 간구하셨다(요 17:20). 그리고 지금도 하늘에서 우리의 대제사장으로 아버지께 간구하심으로 여전히 우리를 섬기고 계신다. "예수는… 자기를 힘입어 하나님께 나아가는 자들을 온전히 구원하실 수 있으니 이는 그가 항상 살아 계셔서 그들을 위하여 간구하심이라"(히 7:25, 참고. 롬 8:34). 예수님의 제자 요한은 이렇게 말했다. "만일 누가 죄를 범하여도 아버지 앞에서 우리에게 대언자가 있으니 곧 의로우신 예수 그리스도시라"(요일 2:1). 예수님은 아버지 앞에서 우리를 변호하시는 우리의 대언자다.

다시 말해서 성경 저자들은 예수님의 영원한 기도 사역을 인정했다. 그들은 이 땅에서 벌이는 죄와의 싸움이 결코 끝나지 않고 일생 동안 지속되는 것임을 알았다. 우리는 더 이상 죄의 지배를 받지 않지만 여전히 매일 시시각각 그 존재를 확인할 수 있다. 이는 우리 문제가 장기적이고 반복적이므로 그 본질에 맞게 끈질기고 장기적인 도움이 필요함을 뜻한다.

만성 질환으로 고통당하고 있는 사람이 새로운 치료법을 약속하는 의사를 만나면 희망이 생긴다. '이제 살았다. 병을 고칠 수 있을 것 같다!'라고 생각할 것이다. 그러나 그 의사의 치료법이 별로 효과가 없고 상태가 호전되지 않는다면 오히려 더 큰 부담을 안게 된다. 이전보다 훨씬 의욕이 사라지고 절망감에 휩싸이게 되는 것이다.

예수님은 우리에게 그런 부담감을 안겨주지 않으신다. 그분은 우리를 떠나지 않으시며 변함없이 도움의 손길을 내미신다. 우리가 힘들게 싸울 때 굳이 개입하지 않으셔도 되지만 우리를 위해 끝까지 중보해주신다. 한번 생각해보자. 예수님은 극적이고도 획기적으로 개입하셔서 우리 인생에 발을 들여놓으셨다. 십자가에서 우리 죄를 대신 지시고 하나님 앞에 떳떳이 서도록 우리를 의롭게 해주셨다. 그런 다음 우리 안에 성령을 부어주셔서 하나님의 뜻대로 살도록 가르치시고 힘을 주셨다. 이 정도만 해도 너무 감사하지 않은가? 이제 손 놓으시고 우리 스스로 남은 인생을 감당해나가도록 지켜보신다고 해서 탓할 사람이 있겠는가?

그러나 예수님은 그렇게 하지 않으셨다. 우리와 함께 계속 협력하는 일에 진저리를 치시며 우리를 버리지 않으셨다. 우리를 보고 낙심하시거나 지치셔서 혹은 성공할 가능성이 더 높은 누군가를 찾아가시느라 우리를 포기하지 않으셨다. 주님은 우리를 정죄하거나 비난하지 않으신다. 변하지 않는 우리에게 경악하셔서 우리를 외면하지 않으신다. "어휴, 이제 어떻게 할 거야?"라고 힐난하지 않으신다. 우리가 심각한 문제를 안고 있다는 사실을 깨달을 때까지 방치하지도 않으신다.

대신 우리 곁에 항상 함께 계시며 우리 대신 중보하심으로 끝까지 우리를 돌보아주신다. 예수님이 시작하신 치료는 완벽하게 효과를 내서 언젠가 우리는 더 이상 죄로 오염되지 않고 완전하게 회복될 것이다. 이 말은 우리가 죄를 지을 때 혼자가 아니라는 뜻이다. 예수님이 아버지께 우리를 대신해 변호해주신다. 종종 우리에게 문제가 있다는 사실을 스스로 깨닫기 전에 이런 변호 활동을 진행하시기도 한다. 온 우주의 왕이신 분께 나아가 우리를 위해 대변하신다. 성령과 더불어 우리를 위해 중보해주신다. 성령은 말할 수 없는 탄식으로 우리를 위해 간청하신다(롬 8:26).

우리가 하나님을 제대로 대리하지 못할 때 바로 이런 중보가 필요하다. 다음에는 제대로 성공해서 하나님이 아량을 베풀어주실까 기대하면서 잘못한 일이나 부족한 점을 벌충하려 더 열심히 노력할 필요가 없다. 내가 만든 난장판을 어떻게 처리할지 몰라 달아날 필요가 없다. 대신 확신을 갖고 대제사장께로 다시 달려가서 또 비참하게 실패했지만 회복시켜달라고 구해야 한다.

인정하기 싫지만 나는 이런 경험을 적지 않게 했다. 오래전에 아들이 우리의 간섭을 받으며 한집에 사는 것이 자기에게 최선이 아니라고 선포했다. 나와 아내가 그의 생활에 개입해서 가장 좋은 방향으로 돌이키게 하면 듣기 싫어하며 화가 난 표정을 지었고, 우리의 조언을 전혀 중요하게 생각하지 않는다는 것을 알리기라도 하듯 억지 미소를 지었다. 그러다가 텔레비전을 보거나 책을 읽거나 비디오 게임을 하는 등 자신이 하고 싶은 일을 하려고 다른 방으로 사라져버리곤 했다. 우리에게서 원하는 것을 얻어낼 때까지 이런 식으로 행동했다. 그러다가 우리가 아직 화가 나 있는지 돌아와서 확인하고는 했다.

우리를 대하는 아들의 태도를 두고 실랑이를 벌이는 시간이 며칠이 되고, 그 며칠이 다시 몇 주로 바뀌면서 아무 변화도 일어나지 않는 답답한 시간이 계속되었다. 나는 질릴 대로 질리고 말았다. 시간이 흐를수록 인내심이 점점 바닥을 치고 있었다. 아이의 태도가 마음에 들지 않을수록 참고 싶은 마음이 사라졌다. 엇나가기로 작정한 듯이 행동하는 아이를 보면서 묵인과 관용은 점점 사라지고 더욱 비판적인 마음만 커져갔다. 큰 소리로 얼굴을 붉히는 일이 잦아졌다.

나는 스스로 정당하다고 생각했다. 합리적으로 대하려고 노력했지만 아이가 모두 거부하고 있었다. 그러다가 어느 순간 문득 나의 그런 모습을 자각하게 되었다. 나는 하나님의 대리자가 하면 안 되는 행동은 모조리 하고 있었다. 아이와 한 방에 있지 않으려고 피해 다니거나 곁에 있어도 마치 투명 인간을 대하는 것처럼 모른 척했다. 때로 아이의 말을 못 들은 척할 때도 있었다. 하지만 여전히 아무것도 바뀌지 않았다.

나는 아이에게 말을 걸지 않는 대신 나 자신에게 말을 하기 시작했다. 하나님의 명령을 무시하는 나에게도 말씀하시는 선하신 하나님을 오직 내 머릿속의 말만 투영하지 못했다. 내 속에서는 이런 말이 오가고 있었다. '쟤는 왜 저럴까? 행동에 변화가 전혀 없어. 아무것도 신경 쓰지 않아. 그렇게 수없이 이야기하고 지적하지만 하고 싶은 것만 하면서 살 수 있다는 양 우리를 계속 무시하고 있어. 내가 왜 저런 태도를 왜 참아야 하지? 집에 오면 매일 이런 문제로 힘들어해야 하다니. 나는 이런 대접을 받을 이유가 없어. 내 집에서는 나를 제대로 대접해야지. 내가 저를 위해 얼마나 노력하는데.'

마음에서 이런 혼잣말이 계속될 때 무엇이 문제인지 아는가? 그 대화가 그 정도로 끝나지 않는다는 것이다. 입 밖으로 슬금슬금 표현되기 시작한다. 점점 불쾌한 마음이 표정으로 드러나기 시작한다. 상대방을 보아도 웃지 않는다.

마음속에 '사랑한다고? 지금은 꼴도 보기 싫은데'라는 생각이 가득하기 때문에 그 사람에게 더 이상 "사랑한다"고 말하지 않게 된다. 이제 "난 네가 싫어"라는 말을 대놓고 할 가능성이 매우 높아졌기 때문에 위험에 처해 있다는 사실을 스스로 안다. 그 말들을 너무 오랫동안 마음에서 되뇌었기 때문에 이제 그 말이 틀리지 않았다는 생각까지 든다. 느끼는 감정과 생각이 일치한다. 이제 그 말이 입 밖으로 나오기 일보 직전이다. 하지만 그런 말을 하는 순간 우리는 하나님을 잘못 대리하게 될 것이다. 하나님의 형상으로 만들어진 누군가에게 '너는 좋아할 만한 행동을 해야만 사랑을 받을 수 있어. 함께 있어서 기분이 좋을 때만 내 시간과 에너지를 쓸 가치가 있는 존재야. 제대로 하지 않으면 나와는 어떤 관계도 맺을 수 없을 거야'라는 메시지를 전하게 될 것이다. 감사하게도 하나님은 이런 분이 아니다. 이런 식으로 말씀하지도 않으신다. 내가 내 아들에게 하나님을 제대로 대리하지 못하는 순간이라도 하나님은 이런 식으로 생각하지 않으신다. 그래서 나는 하나님께 이렇게 고백했다. "주님, 지금 주님을 제대로 대리하지 못하고 있습니다. 이제 그렇게 노력하는 자체가 힘들고 지칩니다. 상황을 더 악화시킬 뿐입니다. 이런 저를 용서해주시고 제가 당신이 원하시는 아버지의 역할을 잘 감당할 수 있도록 저를 회복시켜주십시오. 제 상태가 심각하다는 사실을 스스로 깨닫기 전에 저를 위해 중보해주셔서 감사합니다."

그 기도로 우리 집의 문제가 당장 해결되지는 않았다. 하지만 내 마음속 문제는 해결되기 시작했다. 내가 느끼기에도 아들을 대하는 태도가 상당히 부드러워졌다. 그와 대화하고 관계 회복을 위해 다시 노력하고 싶다는 마음이 생겼다. 그래서 우리는 한자리에 앉아 대화하기로 했다. 나는 이렇게 말했다. "지난 몇 주 동안 아빠가 네 행동을 점점 참아주지 못하고, 쉽게 비난하거나 비판적으로 대했다는 것을 알아차렸을 거야. 너를 외면한 적도 많았어. 아빠가 너를 이런 식으로 대한 데는 여러 이유가 있어. 하지만 결국 아빠가 잘못했다는 걸 말해주고 싶구나. 네게 용서를 구하고 싶단다." 그러자 아이는 나를 용서한다고 말해주었다.

이제 그 이후로 아들과 나의 서먹한 관계가 해결되고 서로 이전처럼 허물없이 지내게 되었다는 결말을 기대할 것이다. 하지만 현실은 그렇지 않았다. 그날 내내 여전히 우리는 서로 어색하고 서먹하게 굴었다. 그러나 분명히 큰 차이가 있었다. 내가 달라진 것이다. 여전히 아들에게 지적하고 싶은 문제가 많이 보였지만 더 인내하고 노력하게 되었다. 다시 마음을 새롭게 다졌고, 그를 보면 다가가 말을 걸며 안아주고 "너를 정말 사랑한단다"라고 말해주었다.

그 노력은 결국 빛을 보게 되었다. 그때까지 아들과 나는 힘든 시간을 보냈지만 그 오후의 대화는 큰 도움을 주었다. 쉽지 않지만 꼭 필요한 대화를 나눌 수 있는 상황을 다시 만들어주었기 때문이다. 즉, 내가 뱀이 아니라 하나님을 대변할 수 있는 여건을 만들어준 것이다. 그 상황으로 아들은 내가 적이 아니라는 것을 이해하게 되었다. 제대로 처신하지 않는다고 내 인생에서 그를 쫓아내려 하는 것이 아님을 알게 되었다.

우리에게 그리스도가 바로 이런 분이다. 그분은 엉망이 된 우리 인생 한가운데 개입하셔서 우리를 회복시켜주심으로 엉망이 된 주변 사람들의 인생에 개입할 수 있게 해주신다. 그러나 사람들이 문제를 해결하도록 돕기 전에 먼저 우리 자신의 문제를 다루어야 한다. 그 방법은 다음 장에서 설명할 것이다.

14장

하나님께
나아가 아뢰다

우리가 자녀와 제대로 대화하지 못하고 관계가 어긋날 때 예수님은 우리 대신 하나님께 말씀해주셨다. 이제는 우리가 하나님께 나아가 아뢸 차례다.

우리는 아브라함의 생애를 통해 입을 제대로 사용하지 않을 때 두 가지 문제가 발생한다는 것을 보았다. 사실을 왜곡해서 사람들에게 죄를 지을 뿐 아니라, 더 중요하게는 우리를 자기 형상으로 지으신 하나님께 범죄하는 것이다.

두 가지 문제를 모두 다루어야 하지만 여기에는 순서가 있다. 먼저 하나님을 정확히 대리할 수 있도록 그분과 관계를 회복해야 한다. 그런 다음에야 동일하게 하나님의 형상을 지닌 이들과 관계를 회복할 준비가 된다. 자녀가 우리와 관계 회복을 바라지 않는다 해도 하나님은 감사하게도 직접 그 관계를 회복시켜주리라 약속하신다.

곰곰이 생각해보면 이런 약속은 상식적으로 납득이 되지 않는다. 무엇보다 하나님과 우리 사이에 있는 문제가 우리와 자녀 사이에 있는 문제보다 훨씬 더 중대하다. 미처 생각해보지 않았을 수 있지만 하나님께 죄를 지음으로 우리는 도무지 비교가 불가능한 심각한 문제를 일으켰다.

- 무한한 인격자를 잘못 대리할 때 그분의 명성에 끼치는 손해는 끝이 없다.
- 다른 각도에서 이 문제를 바라보자. 평행하지 않은 두 선이 결국 서로 무한하게 멀어지듯이, 절대적으로 의로운 하나님에게서 조금이라도 이탈한 후 돌이키지 않고 방치한다면 결국 하나님과 우리 사이는 끝없이 벌어질 것이다.
- 하나님의 무한한 거룩은 무한한 정의를 요구하는 그분의 무한한 진노로 뒷받침된다는 사실을 생각해보라. 우리가 일으킨 문제가 얼마나 심각한지 이해가 되는가?

우리가 다른 사람들에게 창조주가 아닌 뱀을 대변할 때 단순히 자신만 파탄 상태에 이르지 않는다. 그 파탄의 상태를 다른 사람들에게 전가하고 하나님이 만드신 세계로 널리 퍼뜨린다. 그런데 자신에게는 그 파탄의 결과를 해결하거나 상황을 바로잡을 능력이 없음을 깨닫는다. 그렇다면 어떻게 해야 하나님과 관계를 회복할 수 있다는 희망이 생기는가?

우리가 이런 희망을 품을 수 있는 것은 하나님이 우리를 회복의 자리로 초청하시기 때문이다. 구체적으로 이렇게 초대하신다.

> 이스라엘아 네 하나님 여호와께로 돌아오라 네가 불의함으로 말미암아 엎드러졌느니라 너는 말씀을 가지고 여호와께로 돌아와서 아뢰기를 모든 불의를 제거하시고 선한 바를 받으소서 우리가 수송아지를 대신하여 입술의 열매를 주께 드리리이다 우리가 앗수르의 구원을 의지하지 아니하며 말을 타지 아니하며 다시는 우리의 손으로 만든 것을 향하여 너희는 우리의 신이라 하지 아니하오리니 이는 고아가 주로 말미암아 긍휼을 얻음이니이다 할지니라(호 14:1-3).

참으로 놀랍다. 말 때문에 우리가 어려움을 만났고 하나님과 소원해졌지만, 이제 하나님의 말씀은 우리의 말이 그분과의 관계를 회복하도록 도와줄 수단이 된다고 알려준다. 예수님은 우리를 위해 아버지께 아뢰는 일을 한 번도 중단하신 적이 없다. 그리스도를 따르는 제자로서 우리 역시 "말씀을 가지고" 아버지께 나아가야 한다. 그 말씀은 매우 단순하다.

- 우리가 행한 대로 다 갚지 말아달라고 아버지께 구하는 단순한 요청: '모든 잘못을 용서해주소서'("모든 불의를 제거하시고").
- 대가를 치러야 할 잘못을 저질렀다는 솔직한 인정: '우리 죄'("모든 불의").
- 하나님께 거부당하고 싶지 않다는 간절한 마음: '은혜로 우리를 받아주소서'("선한 바를 받으소서").
- 선한 용도로 말을 사용하고자 하는 열망: "입술의 열매를 주께 드리리이다."
- 하나님 외에는 어떤 것도 우리를 구원할 수 없다는 자각: "우리가 앗수르의 구원을 의지하지 아니하며 말을 타지 아니하며 다시는 우리의 손으로 만든 것을 향하여 너희는 우리의 신이라 하지 아니하오리니."
- 하나님의 심판을 받기에 마땅한 짓을 했지만 그분의 사랑을 의지한다는 사실을 환기: "이는 고아가 주로 말미암아 긍휼을 얻음이니이다."

하나님이 우리를 회복으로 초청하셨기 때문에 우리가 벌어지게 한 간격을 단순한 말로 회복할 수 있다. '너는 말씀을 가지고 여호와께로 돌아오라.' 하나님은 문제를 일으킨 장본인이 아니신데도 해결책을 준비해두고 계신다. 우리는 하나님과 우리 사이의 무너진 관계를 회복할 수 없지만 하나님은 하실 수 있다. 그러나 여전히 우리가 해야 할 몫이 있다. 우리가 할 일은 하나님께 "저는 회복되기를 원합니다. 제가 관계를 망쳤지만 그 상태로 방치하기를 원하지 않습니다"라고 고백하는 것이다.

초청을 받지 않은 상태에서 하나님께 이런 고백을 한다면 주제넘고 오만한 사람이다. 그러나 초청을 받았는데도 응하지 않는다면 제정신이 아닌 것이다. 하나님은 여전히 우리를 원하신다. 이것이 하나님의 본심이다. 여전히 우리와 우정을 나누기를 바라신다. 문제는 우리가 하나님을 원하느냐 하는 것이다. 이것은 하나님의 제안을 받아들이는지의 여부나, 그분께 나아가 입술로 아뢰는지의 여부에서 확인할 수 있다.

하나님의 제안을 받아들이는 사람은, 그분이 여전히 자신을 받아주시리라는 희망을 품고 회개하며 하나님께로 돌아온 수많은 사람의 긴 행렬에 참여하게 된다. 최악의 실수를 저질렀어도 자신의 악을 고백하면 하나님이 다시 맞아주시리라는 사실을 깨달은 사람들의 행렬에 참여하는 것이다. 그들은 "우리가 범죄하였나이다"라고 고백할줄 아는 사람들이다(예를 들어, 삿 10:10, 삼상 7:6, 삼하 12:13, 24:10, 시 41:4, 51편, 렘 14:7).

예수님의 비유에서 방탕한 아들이 돌아와서 오랫동안 자신을 기다린 아버지에게 "내가 하늘과 아버지께 죄를 지었사오니"(눅 15:21)라는 간단한 고백으로 말문을 연 것은 우연이 아니다. 예수님은 아버지께서 우리가 회개의 고백을 하도록 초청하신다는 사실을 아셨다.

 이스라엘의 역사와 사회 구조를 잘 아는 사람이라면 이런 하나님의 마음을 이해할 수 있을 것이다. 최초의 성전은 하나님의 임재를 제도화한 시각적 상징물이었다. 열왕기상에서 솔로몬이 드린 성전 봉헌 기도에는 사람들이 범죄했을 때 하나님께 회개하면 용서해달라고 간구하는 내용이 나온다(왕상 8:33-34, 35-36, 46-51).

 성전은 하나님의 이런 초청을 표현한 석조물이다. 이 석조물에는 유한한 제사장들이 금방 썩어 없어질 제물을 드리는 제단이 설치되어 있었다. 하나님은 예수님이 오셔서 비영구적인 이 석조물을 대체하실 때까지 이것을 존속시키셔야 했다. 오직 영원히 계실 그분만이 이 모든 것을 대체하실 수 있었다. 그러하기에 우리는 미쁘시고 의로우신 하나님이 우리 죄를 용서해주시고 모든 불의에서 깨끗하게 해주실 것을 알고(요일 1:9) 그분께 죄를 고백한다. 하나님은 자신과 우리의 관계를 회복시켜주실 것이다.

 우리는 하나님과의 관계가 회복되는 경험을 해야 한다. 그래야 자녀에게 참된 의가 무엇인지 말해줄 수 있고, 나아가 자녀와 대화를 마친 후에도 진정으로 소망하고 바라는 바를 계속 마음에 간직할 수 있다. 우리는 대화로 우리를 초청하신 바로 그 하나님과 우리 자녀들이 대화하기를 소망한다.

15장

입을 잘못 사용한 죄를 회개하라

지극히 높으신 하나님

시간이 시작되기 전부터 계셨던 하나님

자비로우시고 거룩하신 아버지

아버지,

저는 오늘 너무나 소중히 여기던 물건을 깨뜨렸습니다. 이 물건을 원 상태로 되돌릴 방법이 있을지 확실하지 않지만 제 힘으로 고칠 수 없다는 사실은 분명합니다.

저는 정말 바보 같은 말을 하고 말았습니다. 유달리 피곤했고 오늘따라 잘되는 일이 없었습니다. 몸 상태도 좋지 않았습니다. 하지만 사실 이런 것들은 진짜 문제가 아니었습니다. 근본적인 문제는 더 심각했습니다. 아이들이 제가 원하는 대로 해주지 않고 오히려 저를 방해했던 것이지요. 당시에는 문제가 그렇게 심각하다는 생각이 들지 않았습니다. 다만 아이들에게 몇 가지 바라는 점이 있을 뿐이었습니다.

- 제 말에 귀 기울여주기를 바랐습니다.
- 서로 싸우지 않기를 바랐습니다.
- 저를 좀 내버려두었으면 했습니다.
- 저를 너무 귀찮게 하지 않기를 바랐습니다.
- 가게에서 보이는 것마다 사달라고 떼를 쓰지 않기를 바랐습니다.
- 부모나 형제에게 관심을 가지기를 바랐습니다.
- 뭐든 받으면 감사하는 마음을 가지기를 바랐습니다.
- 제가 머리를 식힐 수 있도록 배려해주기를 바랐습니다.
- 제가 부탁한 대로 해주기를 바랐습니다.
- 뚱하게 굴거나 투덜거리지 않기를 바랐습니다.
- 5분이라도 가만히 앉아 있을 여유를 주기를 바랐습니다.
- 가족들이 함께 하는 일에 마음을 모아주기를 바랐습니다.
- 그만 불평하기를 바랐습니다.
- 다른 사람들을 배려해주기를 바랐습니다.
- 개인 시간을 갖게 해주기를 바랐습니다.

당시에는 아이들에게 부탁한다는 것이 별로 중요하지 않고 사소하게 보였습니다. 그러나 그때 했던 말을 돌이켜 떠올려보면 무엇보다 그것을 절실히 원했던 것이 분명합니다. 그리고 아이들이 제가 바라는 대로 해주지 않아서(제가 당연히 받아야 한다고 생각한 것을 주지 않았으므로) 저는 말이라는 선물을 가지고 원수인 사탄처럼 사용했습니다. 그것을 이제야 뒤늦게 후회합니다.

과거에 한 말을 지금 주워 담을 수는 없습니다. 하지만 그동안 입으로 잘못 내뱉은 모든 말에 대해 값을 지불하셨으므로 회개하면 용서해주실 것이라고 예수님은 말씀하셨습니다. 어떻게 이런 용서가 가당키나 한지 상상하기 어렵지만, 당신은 누구에게든지 단 한 번도 말씀을 오용한 적이 없으시니 당신의 말씀을 믿습니다.

부디 저를 용서해주시고, 제가 한 말대로 저에게 갚지 마시며, 그런 말로 저를 책망하거나 비난하지 마옵소서.

이런 잘못을 주께 고백하도록 저를 이끌어주셔서 감사합니다. 제가 그동안 입으로 주께 영광을 돌리지 못했는데도 제 입으로 하는 말을 듣기를 원하시니 놀라울 따름입니다. 그러나 이 말은 용서받는다는 것이 무엇인지 여전히 배워야 한다는 뜻이라고 생각합니다.

감사합니다. 저를 용서해주셔서 감사합니다. 언젠가 이 문제로 더 이상 말할 필요가 없어질 날이 올 것에도 감사합니다. 주의 뜻에서 벗어나는 말은 입 밖에도 내지 않으며 후회할 말을 다시는 입에 올리지 않을 날이 오게 하시니 감사합니다. 아버지, 진심으로 그날을 간절히 기다립니다.

주님처럼 말하는 법을 가르쳐주소서. 주님처럼 말하는 법을 배우고 싶습니다. 지금 아이들에게 돌아가야 합니다. 하지만 무슨 말을 해야 할지 모르겠습니다. 그들에게 용서를 구해야 하는데 이 일이 쉽지 않습니다. 다음에 무슨 말을 해야 할지는 더욱 모르겠습니다.

주의 성령으로 제게 말씀해주옵소서. 그래서 아이들에게 무슨 말을 해야 할지 알게 해주옵소서. 제가 더 나은 부모가 되도록 저의 아버지가 되어주시니 정말 기쁘고 감사합니다. 말로 표현할 수 있도록 제게 생각과 아이디어를 주옵소서. 저의 귀를 늘 열어서 주께서 제게 하시는 말씀을 빠짐없이 듣게 하옵소서. 절대 저를 포기하지 마옵소서. 주의 자녀로 살게 해주시니 정말 좋습니다. 감사합니다.

16장

하나님의 말씀을 듣다

우리는 입을 사용하여 하나님께 꼭 아뢰어야 한다. 그런데 이보다 하나님의 말씀을 듣는 일이 더욱 중요하다. 우리는 하나님과 맺은 관계가 돌이킬 수 없을 정도로 망가졌다고 생각하고 싶은 유혹을 아주 쉽게 받기 때문이다.

이해하기 어렵지만 우리는 잘못된 말과 행동을 하기 전에 그것이 자신이나 하나님께 어떤 영향을 미칠 수 있는지 거의 생각하지 않는다. 무슨 일을 했는지 알아차린 후에야 관계와 관련된 질문이 홍수처럼 쏟아진다.

- 하나님이 나에게 화가 나지는 않으셨을까?
- 이전처럼 다시 친밀해질 수 있을까?

- 이 일로 하나님은 언제까지 나를 꾸짖으실까?
- 다시 이 일을 문제 삼지 않으실까?
- 하나님이 나를 참으시는 데 한계를 느끼실 때는 언제일까?

감사하게도, 하나님께 잘못을 용서받지 못하리라 생각하고 싶은 유혹에 우리가 얼마나 취약한지 그분은 알고 계신다. 그래서 하나님은 성경 곳곳에서 다음과 같은 사실을 알려주신다.

- 우리 잘못에도 여전히 우리를 따뜻하게 받아주시고 용납해 주신다고 알려주신다.
- 우리가 신뢰를 잃을 만한 행동을 했어도 여전히 그분을 신뢰하라고 부르신다.
- 우리가 주를 떠나 방황했다 해도 여전히 우리를 원하신다는 확신을 주신다.
- 우리가 신실하게 주를 섬기지 않았을 때도 여전히 우리에게 신실하심을 강조하신다.
- 우리의 죄를 따라 관계를 결정하시는 것이 아니라, 그분의 선하심을 따라 관계를 누릴 수 있음을 알려주신다.

하나님이 확인해주시는 이런 사실들은 그분과 맺는 관계의 견고함이 우리의 선행이 아니라 그분의 선하심에 기초한다는 진리를 이해하는 데 매우 중요하다. 그러나 때로 이것을 믿기가 쉽지 않다. 특히 그동안 우리가 했던 행동과 우리가 마땅히 행했어야 하는 행위 사이에 엄청난 간극이 있을 때 더욱 그렇다.

나의 아들 팀이 열 살 무렵이었을 때였다. 팀은 부엌에서 함께 대화를 나누던 중 자신이 정말 구원을 받았는지 혼란스럽다고 이야기했다. 성경 읽기나 기도와 같이 해야 할 일을 제대로 하고 있는지 그리고 충분히 하고 있는지 의심스럽다고 말했다.

말로만 가르쳐서는 아들의 혼란을 해결해줄 수 없다는 사실을 절감한 순간이었다. 그래서 나는 예고도 없이 갑자기 몸을 숙여서 그의 두 다리를 꼭 잡고 물구나무로 서게 한 다음 위로 들어 올렸다.

아이는 웃으면서 소리를 질렀다. 동시에 떨어질까 무서워서 나를 붙잡으려고 팔을 휘젓기 시작했다. 잠시 후 나는 아이를 진정시키며 이렇게 물었다. "네가 바닥으로 떨어졌니?"

"아뇨." 아이는 재미있다는 듯이 웃었다.

나는 계속해서 이렇게 말했다. "그럼, 지금 어떤 것이 더 사실에 가깝다고 생각하니? 네가 아빠를 꼭 잡고 있어서 떨어지지 않은 걸까? 아니면 아빠가 널 꼭 잡고 있어서 떨어지지 않은 걸까?"

아이가 동작을 멈추고 질문에 대답하려고 골똘히 생각하는 모습이 더없이 사랑스러웠다. 아이는 공중에 거꾸로 매달린 채 아무것도 잡지 못하고 있었는데도 여전히 자신의 행동 때문에 다치지 않았다고 믿었다. 이것은 우리가 하나님 아버지와 맺은 관계를 어떻게 생각하는지 보여주는 그림이다. 좋은 관계를 유지하는 책임이 하나님보다 우리에게 있다고 믿는 것이다.

다행히 팀은 잠시 후 "아빠가 저를 붙잡고 계셔서요?"라고 말했다. 낯설고 새로운 방식이었지만 그는 그렇게 새로운 시각으로 인생을 바라보는 경험을 할 수 있었다.

나는 아이를 똑바로 내려주었다. 그런 다음 한쪽 무릎을 꿇고 앉아 아이와 눈을 맞추고 이렇게 말했다. "예수님과 너의 우정도 마찬가지란다. 네가 예수님을 붙잡고 있는 것 같지만 사실은 주님이 널 붙잡고 계셔. 예수님과 너의 관계가 얼마나 견고할지는 무엇보다 예수님께 달려 있어. 그러니 네가 제대로 하지 못할까 봐 그렇게 불안해할 필요가 없단다. 관계가 확실하게 유지되는 것은 너에게 달려 있지 않다는 말이지. 예수님은 너를 위해 돌아가셨단다. 네가 앞으로 예수님을 아무리 꼭 붙든다고 해도 그분이 훨씬 더 세게 너를 붙들고 계실 거야."

우리가 했던 어리석은 말이나 행동으로 하나님과의 관계가 회복될지 걱정되고 불안이 또다시 엄습할 때, 하나님이 우리보다 더 단단하게 붙들고 계시다는 그분의 음성을 들어야 한다.

어떻게 하면 그 음성을 들을 수 있는가? 이렇게 해보라. 먼저 성경을 펴서 읽되 사람들의 실수나 하나님의 명령을 확인하는 데 주안점을 두지 말고, 관계에 관해 하나님이 재차 확신을 주시는 말씀을 듣는 데 집중하라. 주로 한 인물이 잘못을 저지른 다음 하나님이 보이신 반응에서 이런 말씀을 볼 수 있을 것이다. 이런 말씀에 귀 기울일 때 하나님을 더욱 신뢰할 수 있는 구절을 만나게 될 것이다. 예를 들어보겠다.

- 여호와께서 말씀하시되 오라 우리가 서로 변론하자 너희의 죄가 주홍 같을지라도 눈과 같이 희어질 것이요 진홍같이 붉을지라도 양털같이 희게 되리라(사 1:18).
- 여호와께서 그의 앞으로 지나시며 선포하시되 여호와라 여호와라 자비롭고 은혜롭고 노하기를 더디하고 인자와 진실이 많은 하나님이라 인자를 천 대까지 베풀며 악과 과실과 죄를 용서하리라(출 34:6-7).
- 너의 하나님 여호와가 너의 가운데에 계시니 그는 구원을 베푸실 전능자이시라 그가 너로 말미암아 기쁨을 이기지 못하시며 너를 잠잠히 사랑하시며 너로 말미암아 즐거이 부르며 기뻐하시리라(습 3:17).
- 아버지께서 내게 주시는 자는 다 내게로 올 것이요 내게 오는 자는 내가 결코 내쫓지 아니하리라(요 6:37).

우리가 힘겹게 분투할 때 하나님은 우리에게 다가와 이렇게 말씀하시며 사랑으로 감싸 안아주시고 권면하실 것이다.

두 번째 방법으로 말씀을 읽을 때 성경의 인물들이 하나님을 직접 체험한 내용을 찾아보고, 그분과 맺은 관계에 대해 그들이 권면한 내용을 정리하여 한눈에 보이도록 적을 수 있다. 이 두 가지 방법으로 실패하고 좌절하는 사람들을 늘 한결같이 안아주시는 하나님의 마음을 파악할 수 있다. 하나님이 우리를 포기하지 않으신다는 사실을 아는 사람들의 말을 귀 기울여 들어보고 그 마음을 함께 확인해보자.

> 여호와는 긍휼이 많으시고 은혜로우시며 노하기를 더디 하시고 인자하심이 풍부하시도다 자주 경책하지 아니하시며 노를 영원히 품지 아니하시리로다 우리의 죄를 따라 우리를 처벌하지는 아니하시며 우리의 죄악을 따라 우리에게 그대로 갚지는 아니하셨으니 이는 하늘이 땅에서 높음같이 그를 경외하는 자에게 그의 인자하심이 크심이로다 동이 서에서 먼 것같이 우리의 죄과를 우리에게서 멀리 옮기셨으며(시 103:8-12).

> 만일 우리가 우리 죄를 자백하면 그는 미쁘시고 의로우사 우리 죄를 사하시며 우리를 모든 불의에서 깨끗하게 하실 것이요(요일 1:9).

> 하나님께서 구하시는 제사는 상한 심령이라 하나님이여 상

하고 통회하는 마음을 주께서 멸시하지 아니하시리이다
(시 51:17).

우리는 미쁨이 없을지라도 주는 항상 미쁘시니 자기를 부
인하실 수 없으시리라(딤후 2:13).

이런 하나님의 말씀을 계속 묵상하면 그분이 우리를 사랑하셔서 계속 붙들고 놓지 않으신다는 확신이 점점 더 확고하게 뿌리내릴 수 있다. 우리가 하나님을 외면하고 원하지 않을 때라도 하나님은 우리 손을 붙들고 놓지 않으실 것이다. 우리는 하나님의 말씀으로 자녀와 관계를 회복할 수 있으며 스스로 망친 관계도 회복이 가능하다는 용기를 얻을 수 있다. 또한 이제는 자녀와 깊은 대화를 나누는 데 필요한 것을 지니고 있다는 희망으로 자녀와의 관계를 회복하고자 노력할 수 있다. 우리에게 마음을 열고 대화하는 사람은 끊임없이 이런 경험을 하게 될 것이다.

17장

자녀에게 말씀으로 다가가다

하나님께 말씀을 아뢰고 그분이 주시는 말씀을 들었다면 이제 자녀에게 동일한 말을 들려주어야 한다. 바울은 바로 이런 흐름을 따라 에베소서를 서술해나간다. 그는 에베소 교인들이 하나님의 가족이 된 것이 얼마나 놀라운 일인지 알려준 후(엡 1-2장) 이제 하나님 가족의 일원이 되었으므로 최대한 배우고 깨우쳐야 한다고 강조한다(엡 4-6장). 이런 성장이 어떤 식으로 이루어지는지 알고 싶은가? 짐작한 그대로다. 대부분은 다른 가족 구성원과 대화함으로 성장이 이루어진다(예를 들어, 엡 4:15, 21, 25, 29, 5:19, 6:4, 21-22).

에베소서 4장은 하나님의 가족에게 오직 두 가지 미래밖에 없다고 이야기한다. 성숙함으로 자라가거나 아니면 자라지 않고 어린아이의 자리에 머물러 있거나 둘 중 하나다. 다음 단락을 주의

해서 읽어보라.

> 그가 어떤 사람은 사도로, 어떤 사람은 선지자로, 어떤 사람은 복음 전하는 자로, 어떤 사람은 목사와 교사로 삼으셨으니 이는 성도를 온전하게 하여 봉사의 일을 하게 하며 그리스도의 몸을 세우려 하심이라 우리가 다 하나님의 아들을 믿는 것과 아는 일에 하나가 되어 온전한 사람을 이루어 그리스도의 장성한 분량이 충만한 데까지 이르리니 이는 우리가 이제부터 어린아이가 되지 아니하여 사람의 속임수와 간사한 유혹에 빠져 온갖 교훈의 풍조에 밀려 요동하지 않게 하려 함이라 오직 사랑 안에서 참된 것을 하여 범사에 그에게까지 자랄지라 그는 머리니 곧 그리스도라 그에게서 온 몸이 각 마디를 통하여 도움을 받음으로 연결되고 결합되어 각 지체의 분량대로 역사하여 그 몸을 자라게 하며 사랑 안에서 스스로 세우느니라(엡 4:11-16).

하나님의 가족은 스쳐 지나가는 바람에도 갈피를 잡지 못하고 파도처럼 일렁일 수도 있고 아니면 견고하게 성장해갈 수도 있다. 성숙으로 나아갈 수도 있고 어린아이처럼 미성숙한 상태를 벗어나지 못할 수도 있다. 이런 결과를 좌우하는 핵심 요소는 대화하는 태도라 할 수 있다. 우리 각자의 가정은 하나님의 가정이라는 대가족을 모델로 삼기 때문에 그분의 가정과 같은 방식으로 성장해갈 것이다.

그렇다면 문제는 성숙한 가정을 진정으로 원하느냐에 있다. 진정으로 성숙한 가정이 되기를 원한다면 하나님의 백성이 서로 대화하듯이 가족과 대화해야 한다. 관계를 해치는 말이 아니라 세우는 말을 해야 한다. "무릇 더러운 말은 너희 입 밖에도 내지 말고 오직 덕을 세우는 데 소용되는 대로 선한 말을 하여 듣는 자들에게 은혜를 끼치게 하라"(엡 4:29).

이 문장을 한 구절씩 따로 살펴보면 그 묘미를 느낄 수 있다.

- 오직 다른 사람들을 세우는 데 필요한 말을 해야 한다. 농담을 하든, 뉴스를 전하든 혹은 일상에 일어난 이야기를 나누거나 상대방의 헤어스타일이 어떤지 표현할 때뿐만 아니라, 누군가를 가르치거나 숙제를 도와주거나 저녁 식사에 대해 감사를 표현하거나 집안일을 도와준 것에 감사 인사를 할 때도 항상 상대방을 세워주는 말을 해야 한다.
- 어떤 말을 하든지 경우에 맞아야 한다. NIV 성경의 표현을 빌리자면 다른 사람들의 필요에 맞추어 말해야 한다. 그렇다고 사람들의 입맛에 맞추라는 뜻이 아니다. 사람들이 꼭 들어야 할 말이 무엇인지 생각하고 말하라는 것이다. 입을 열기 전에 먼저 상대방이 꼭 들어야 하는 말이 무엇인지 진지하게 고민해야 한다.

- 무슨 말을 하든 내 말을 통해 듣는 사람이 은혜를 경험하는 기회를 주어야 한다. 우리의 말을 들은 상대가 이전보다 더 유익을 얻을 수 있도록 은혜를 전달해야 한다. 하나님은 자녀인 우리에게 유익을 끼치는 말씀을 하신다. 이제 우리도 동일한 마음가짐으로 사람들과 대화해야 한다.

에베소서 구절에서 "더러운 말"은 음담패설이나 지저분한 욕설을 말하는 것이 아니다. 이 문맥에서 "더러운 말"은 다른 사람에게 상처를 주거나 도움이 되지 않는 말을 한다는 뜻이다.

삶의 전성기를 누릴 때는 이런 요구를 따르기가 쉽지 않다. 그러나 갑자기 어려운 일에 봉착하면 어떻게 되는가? 꼭 해야 할 말이 있는데 내 상황이 좋지 않거나 상대의 상황이 좋지 않을 때는 어떻게 해야 하는가? 그런 상황에서는 이 말이 슬슬 불가능하게 들리기 시작한다. 그렇지 않겠는가?

바울이 '아무 말도 하지 말라'고 말하지 않았음을 주목하라(물론 이런 조언도 무리 없이 따를 수 있는 사람이 있을 것이다). "더러운 말"을 하지 말라는 말은 본질적으로 이런 뜻이다. '한 주 내내 집에서 자녀들이 걸어오는 전쟁을 무시할 필요가 없다. 당연히 맞서 이야기해야 한다. 하지만 덕을 세우는 데 필요한 말만 해야 한다.'

어떻게 덕을 세우는 데 필요한 말만 할 수 있는가? 다른 사람들에게 도움을 주고자 사랑으로 말하지만 정직하게 말하는 경우가 거의 없는 환경에서 성장한 사람이라면 어떻게 해야 하는가? 은혜를 입은 경험이 없어서 누군가를 그렇게 대할 수 없는 사람은 어떻게 해야 하는가?

언젠가 에베소서 구절에 대해 강의하는데 누군가가 내 말을 가로막고 도발적인 질문을 던졌다. "정말 이게 가능하다고 믿으시나요?" 난데없이 한 방 얻어맞은 느낌이었다. "다른 사람들에게 유익한 말만 해야 한다고 진심으로 믿으시나요?"

곰곰이 생각해보면 그가 왜 그런 질문을 했는지 이해가 간다. 상대방에게 유익한 말을 하라는 주장이 멋지고 이상적으로 들리지만 매우 비현실적이다. 자기 계발서에서나 강조할 만한 단순한 제안 같다. '자녀와 좋은 관계를 맺는 법: 1단계, 아이들에게 도움이 되지 않는 말은 절대 하지 마라.' 그러면 머리를 굴리며 이렇게 생각할 것이다. '그래, 맞아. 이 정도는 곧바로 실행에 옮길 수 있어.'

이런 제안은 '마약은 절대 거부하라'와 같은 수련회 강사의 조언과 매우 비슷하다. 단호하게 "싫다"고 말하라는 것이다. 그러면 마음속에 여러 생각이 떠오른다. '아, 그렇지. 그동안 무슨 생각을 하고 있었던 거야? 이렇게 쉬운 일일 줄 누가 알았겠어? 그냥 싫다고만 말하면 청년들의 마약 문제가 모두 해결되고, 도심이 깨끗해지고, 우리가 사는 교외는 마약이 없는 청정 지역이 되는 거야.'

개인적으로 단호히 거절하는 일이 얼마나 어려운지 잘 모르면 괜찮은 조언으로 느껴진다. 정말 좋아하는 음식이지만 배가 불러서 그만 먹어야 할 때 더 먹고 싶어도 단호히 거부하라. 그 뒤에 나오는 디저트도 단호히 거절하라. 정말로 꼭 갖고 싶었던 깜찍한 스웨터도 단호히 거부하라. "남을 세우는 데 유익한 말만 하라"는 말은 마치 이런 식의 조언과 비슷하지 않은가?

하지만 차이가 있다. 이 말씀은 하나님이 직접 주신 권면이기 때문이다. 어떤 개인이 이렇게 말했다면 마음 편하게 이 말을 무시할 수 있다. 하지만 하나님은 지금 우리에게 "다른 사람을 세우는 데 유익한 말만 하라"고 말씀하신다. 다시 말해서 하나님은 사람들이 생활 속에서 은혜를 경험할 수 있는 핵심 통로가 대화라고 믿으신다. 혹은 불신(은혜의 부재)을 경험하는 핵심 통로가 대화라고 믿으신다. 우리는 사람들과 대화하면서 은혜가 무엇인지, 즉 하나님이 이 자리에 계시다면 어떻게 말씀하실지 깨닫게 해줄 수도 있고, 지옥의 절망과 비참함이 무엇인지 체험하게 해줄 수도 있다는 말이다.

부담감으로 지레 포기하고 싶은 마음이 들기 전에 바울이 29절에서 한 가지 사실을 전제로 이 조언을 한다는 사실을 기억해야 한다. 그는 다른 사람들에게 은혜를 끼치는 말을 하기 위해서는 먼저 은혜의 말씀을 들은 경험이 있어야 한다고 전제한다. 은혜를 체험하고 누린 경험이 선행되어야 한다는 말이다. 누군가 우리를 세우기 위해 공들여 말을 고른 대화를 먼저 경험해야 한다는 것이다.

기억하라. 우리의 말은 언제나 그동안 다른 이에게서 들었던 말을 반영한다. 우리는 하나님과 은혜의 관계를 누리고 있는 경우에만 은혜가 무엇인지 제대로 알 수 있다. 그런 경우에만 다른 사람들에게 어떤 말을 해야 할지 알 수 있다. 인생과 신앙에 대해 단순히 관념적 차원에 머물러서는 안 된다는 말이다.

분명히 지식과 진리는 그리스도인들에게 꼭 필요하다. 그래서 바울은 서신의 처음 두 장을 할애해 신학적 원리를 다루는 데 집중했다. 그는 이 부분에서 은혜의 하나님이 누구시고, 그분이 하신 일은 무엇이며, 그 일로 우리가 어떤 영향을 받는지를 집중적으로 다룬다. 그러나 이것으로 충분하지 않다. 하나님의 뜨거운 사랑을 현재 경험하고 확인하는 과정이 필요하다. 신학적 지식이 아무리 많아도 이런 경험은 저절로 주어지지 않는다.

바울도 이 사실을 알았다. 그래서 4-5장에서 하나님 가족의 일원으로서 마땅히 취해야 하는 대화의 자세를 집중적으로 다루기 전에, 3장에서 예수님이 우리 마음에 살아 계시기를 구하고 함께해주시는 새로운 경험을 하게 해달라고 기도한다. 이를 통해 그분이 우리를 얼마나 사랑하시는지 알고 믿도록 해달라고 기도한다.

> 이러므로 내가 하늘과 땅에 있는 각 족속에게 이름을 주신 아버지 앞에 무릎을 꿇고 비노니 그의 영광의 풍성함을

따라 그의 성령으로 말미암아 너희 속사람을 능력으로 강건하게 하시오며 믿음으로 말미암아 그리스도께서 너희 마음에 계시게 하시옵고 너희가 사랑 가운데서 뿌리가 박히고 터가 굳어져서 능히 모든 성도와 함께 지식에 넘치는 그리스도의 사랑을 알고 그 너비와 길이와 높이와 깊이가 어떠함을 깨달아 하나님의 모든 충만하신 것으로 너희에게 충만하게 하시기를 구하노라(엡 3:14-19).

바울이 그리스도인들을 위해 그리고 그리스도를 영접하고 그분의 가족이 된 사람들을 위해 기도하고 있음을 기억하라. 그는 우리가 이미 예수님과 친구 관계지만 그분과 맺은 우정을 새롭게 체험하게 해달라고 기도한다. 그리고 믿음을 통해 우리 마음에 그리스도가 살아 계심을 다시 경험하게 해달라고 간구한다. 이 하나님이 우리를 진심으로 사랑하시고 은혜를 베풀어주시며 우리 안에 살아 계심을 새롭게 알게 해달라고 구한다. 또한 우리를 향한 하나님의 사랑이 얼마나 놀라운지 알게 해달라고 기도한다.

바울이 기도할 때 우리가 하나님을 더욱 사랑하게 해달라고 하지 않는다는 사실을 유념하라. 그 대신 우리를 향한 하나님의 사랑을 깨닫게 해달라고 기도한다. 우리 머리로는 다 파악할 수 없는 사랑을 알게 해달라고 기도한다. 하나님은 우리를 향한 사랑이 얼마나 깊고 넓은지 우리가 날마다 확인하고 깨닫기를 원하신다. 또한 은혜를 베푸는 삶을 살라고 명령하시기 전에 우리가 그 사랑을 먼저 누리기를 원하신다.

바울이 복음을 한 번도 잊지 않은 비결이 무엇인지 알겠는가? 우리가 하나님 가족의 일원이 되었지만 그분의 가족으로 사는 법을 실제로 배우기 위해서는 일상에서 하나님의 사랑을 경험해야 한다. 이미 살펴보았듯이 하나님의 가정에서 성장하는 과정과 그보다 작은 각자의 가정에서 성장하는 과정은 그 양상이 비슷하다. 그러므로 우리가 그분의 사랑을 경험하고 그분이 우리 안에 사신다면 우리는 점점 더 주님처럼 대화할 수 있을 것이다. 우리가 선택하는 단어, 그 단어들을 문장으로 표현하는 방식, 말을 하는 의도가 모두 현재 그분과 지속적으로 누리는 관계에 영향을 받을 것이다.

이렇게 새롭게 변화된 대화는 하나님의 가정과 우리의 가정이 건강하기 위해 꼭 필요하다. 대화를 나누는 목표는 듣는 사람에게 은혜를 끼치는 것이다. 이 목표를 이루기 위해 우리가 개발해야 할 기술 두 가지가 있다. 다음 장에서는 은혜에 기반을 둔 두 가지 기술, 즉 격려와 정직을 살펴볼 것이다.

18장
진실과 사랑으로 말하기

사랑이 결여된 진실

신랄하지만 재치 있는 농담은 통쾌함을 준다. 출처가 확실하지는 않지만, 영국의 수상이었던 윈스턴 처칠(Winston Churchill)이 상대의 독설을 보기 좋게 맞받아친 몇 가지 일화가 전해진다. 독설로 공격한 사람을 신속하고도 철저히 무너뜨려서 그 자리에 있던 사람 중 그의 응수에 웃는 사람은 아무도 없었다고 한다.

예를 들어, 그의 경호원이 전한 일화가 있다(혹자는 이것이 실제로 일어난 일이 맞는지 의심한다). 당시 의원인 베시 브래독(Bessie Braddock)은 처칠의 상태를 보고 놀라서 소리를 지르며 이렇게 비꼬았다. "윈스턴, 술에 취하셨군요. 그것도 도무지 못 봐줄 정도로 취하셨어요."

처칠은 그 여성의 지적에 이렇게 응수했다. "이런 베시, 당신은 못생겼소. 그것도 도무지 눈 뜨고 봐줄 수 없을 정도로 못생겼소. 내일이면 나는 술에서 깨겠지만 당신은 여전히 눈 뜨고 보기 힘들 정도로 못생겼을 거요."[*]

이 일화가 사실이라고 가정하면, 이들은 어색한 순간에 무슨 말을 할지 몰라 당혹스러워할 위인들은 절대 아니다. 이들은 자신의 의사를 정확히 전달하는 법을 배우려고 수업을 듣거나 상담을 받을 필요가 없다. 실제로 자신의 의사를 전달하는 데 출중한 능력을 발휘하는 사람들이다. 스스로 무슨 말을 하고 싶은지 정확히 알고 있고, 전하고자 하는 내용을 매우 분명하게 전달한다. 이런 의미에서 그들은 훌륭한 의사 전달자다.

그러나 그들은 서로에게 도움을 주는 내용을 전하지는 않는다. 그런 독설로는 현재 유익한 관계를 누리지도 못하고 미래에 누리고 싶은 관계로 성장하지도 못한다. 그들의 말은 직접적이고 심지어 정확할 수 있지만, 상대방을 배려하고 진심으로 염려한다는 느낌은 전혀 주지 않는다. 그런 의미에서 그들은 일종의 진실을 말하고 있지만 그 진실에는 사랑이 배제되어 있다. 당신이나 나에게 그 정도로 대담하거나 재치 있게 말하는 재주는 없을 수 있지

---

[*] Richard Langworth 편집, *Churchill by Himself: The Definitive Collection of Quotations*(New York: Public Affairs, 2008), 550. quoteinvestigator.com/2011/08/17/sober-tommorrow/.에서 참고함.

만, 상대방을 전혀 배려하지 않고 진실을 말하는 일에 가담했거나 혹은 직접 그런 말을 내뱉은 적은 있을 것이다.

그러나 하나님은 이런 식으로 말씀하지 않으신다. 하나님은 자기 백성에게 진리를 말씀하실 때 항상 그분께 더욱 가까이 나아올 수 있도록 배려하신다. 하나님이 진실을 말씀하시고 직접 대화하시는 목적은 서로의 관계를 더 풍성하게 하거나 회복하는 것이다. 하나님이 직접 지적하시고 대화하시는 것은 상대에게 최선의 유익을 주기 위함이다. 하나님은 듣는 사람에게 유익을 주시기 위해 말씀하신다.

그동안 우리는 이와 정반대 경험을 한 적이 많다. 누군가에게 "그건 정말 바보 같은 말인데?"라는 식의 말을 들은 적이 있는가? 물론 누구라도 이런 말을 할 수 있다. 하지만 그런 식으로 진실을 전하는 것은 우리에게 하등 도움이 되지 않는다. 말하고자 하는 핵심이 바로 여기에 있다. 그렇게 말한 사람은 사실상 우리를 돕고자 하는 마음이 없었다. 그래서 우리는 그 '솔직함' 때문에 바보가 된 기분이 들고, 당혹스럽고 창피하고 화가 나서 마음을 진정시켜야 했던 것이다.

누군가 진실을 말하되 상대를 도우려는 목적 없이 말한다면, 그것은 하나님과 다른 의도를 품은 것이다. 스스로 우월감을 느끼고 자신의 똑똑함을 확인하고 싶거나, 아니면 좌절감이나 억눌림을 덜고 싶은 마음에서 말한 것이다. 그러므로 진실을 말하는 척하지만 상대방의 유익을 위해 말하지 않았으므로 이런 말은 진정한 솔직함과는 거리가 있다. 그들은 심지어 '순수한 마음에서' '진심 어린 마음으로' 진실을 알려주는 것이라 억지를 부릴 수도 있다. 하지만 상대방을 전혀 배려하지 않는다면, 그는 실제로 자기 자신 외에는 전혀 관심을 갖지 않는 사람이다.

그렇다면 상대방의 약점이나 실수를 부각하고 상처를 주거나 모멸감을 안겨주는 말을 무어라고 부를 수 있을까? 보통 우리는 그런 말을 비난이나 빈정거림이라고 부른다. 간단히 말해, 그런 말은 상대방에게 상처를 주고 괴롭히는 데 목적이 있으므로 엄밀히 말해 진실이 아니다.

진실이 결여된 사랑

이와는 반대로 상대의 기분을 지나치게 생각한 나머지 그 사람이 꼭 들어야 하는 난감하거나 껄끄러운 말을 하지 않는 경우도 있다.

1995년 개봉작인 "꼬마 돼지 베이브"(*Babe*)라는 영화에서 아기 돼지 한 마리가 농장으로 온다. 아기 돼지 베이브는 그곳에서 많은 동물과 우정을 쌓아간다. 그러나 새롭게 친구가 된 동물들 모두 그에게 진실을 말해주지 않는다. 돼지는 모두 식용으로 기른다는 사실을 말이다.

대신 그들은 베이브가 없는 자리에서 그가 측은하다며 동정한다. 결국 베이브는 진실을 알게 된다. 그는 너무나 충격을 받은 나머지 스스로 목숨을 구할 수 있는 절호의 기회를 날려버릴 뻔했다. 아무도 사실을 제대로 알려주지 않아서 베이브는 진실을 착각하고 있었고, 가장 유익한 방향으로 행동할 수 있는 노력조차 하지 못했다.

꼬마 돼지 이야기는 만들어낸 것이므로 실제로 해를 입은 사람은 없다. 그러나 불행하게도 허구가 아닌 이야기가 있다. 마음 깊이 좋아하는 남자를 만난 젊은 여성의 이야기가 여기에 해당한다. 두 사람은 진지하게 만나기 시작했고, 그녀는 남자 친구를 생각하면 가슴이 설레고 행복했다. 그들은 서로에게서 많은 공통점을 발견했다. 그는 자상하고 성숙한 사람이었고 언제나 대화에 적극적이었다. 두 사람은 함께 즐거운 추억을 만들어갔다. 그녀는 그가 없이는 못 살 것 같다는 생각이 들었다.

그러나 그에게는 여러 번 관계에 실패한 어두운 과거가 있었다. 의도는 좋았지만 다른 여성들과 매번 관계를 망치는 실수를 저질렀다. 출발은 좋았지만 결국 관계가 깨지는 경우가 태반이었다. 문제는 그녀가 남자 친구에게 이런 문제가 있음을 모른다는 것이었고, 그 역시 이런 사실을 알리지 않았다.

남자의 이런 과거를 잘 알고 있는 사람들도 그녀에게 이 사실을 귀띔해주지 않았다. 그녀가 너무 행복해하는 모습을 본 사람들은 아무도 그 행복을 깨뜨리고 싶지 않았다. '저렇게 행복해하는

데 어떻게 망치겠어? 더구나 이번에는 저 사람이 달라질지도 모르잖아?' 그러나 현실은 예상과 다르게 흘러갔다. 모든 것이 엉망이 되었고 그녀는 큰 상처를 받았다.

사람들은 아무 경고도 해주지 않는 것이 그녀를 위한 배려라고 여겼고, 그러는 편이 더 나을 것이라 생각했다. 그래서 친구들은 그녀가 인생에서 올바른 결정을 내리기 위해 꼭 알아야 할 사실을 비밀에 부쳤다. 그들의 사랑은 그렇게 깊은 곳까지 가닿지 않았다. 용기를 내서 말하기 어려운 중요한 사실들을 그녀에게 기꺼이 알려주지 않았다. 말하기 곤란하지만 꼭 알려야 하는 사실을 말하는 일이 쉽지만은 않았을 것이다. 하지만 그녀를 진심으로 사랑하고 마음을 나누는 사이라면 꼭 해야 하는 일이었다.

진실이 결여된 사랑은 진정한 사랑이 아니다. 사랑 없이 진실을 말하는 것과는 다른 차원이지만, 진실이 결여된 사랑 역시 상대에게 최선의 유익이 무엇인지 생각하지 않은 데서 나온 것이기 때문이다.

진실이 꼭 필요한 사람에게 솔직하게 말해주려는 마음이 없다면, 문제를 안고 있는 사람이 그 문제를 직시하도록 힘써 도와주지 않는다면 나는 진정으로 그 사람을 배려하는 것이 아니다. 다른 무언가에 더 관심이 있는 것이다. 단순히 그 사람에게 상처를 주고 싶지 않다거나 일을 크게 만들고 싶지 않아서가 아니다. 진정으로 돕고 싶은 마음보다 다른 부차적인 문제를 더 중요하게 생각하는 것이다.

상대방을 세워주고 건강하게 성장하는 모습을 보기보다 다른 문제에 더 관심을 쏟는 것이다. 상대를 진정으로 보호하는 것보다 그런 문제를 더 중요하게 여기는 것이다. 주님은 자기 목숨을 버리실 정도로 우리가 변화되기를 원하시지만 우리는 다른 문제가 더 중요한 것이다. 이런 동기가 나를 움직일 때 나는 진정한 사랑으로 행하는 것이 아니다.

그렇다면 누군가가 진실이 무엇인지 알면서도 두려워서 그 사실을 말하지 않는다면, 우리는 그런 태도를 어떻게 판단해야 하는가? 때로 위선적이라고 할 수도 있고 때로는 우유부단하거나 비겁하다고도 할 수 있다. 이런 태도는 심지어 관대함으로 포장되기도 한다. 하지만 이런 방식은 상대방이 진정으로 건강하게 성장하도록 돕지 않는 가짜 사랑이다. 진정한 사랑이 아니다.

사랑과 진실을 동시에 견지해야 한다

사랑 없는 진실로 사람들이 무너질 때나 진실이 결여된 사랑으로 사람들이 나약한 상태에서 빠져나오지 못할 때, 사랑과 진실을 모두 견지하지 않으면 진정으로 진리를 말할 수도 없고 진정으로 사랑할 수도 없다. 그래서 바울은 에베소서 4장 15절에서 이 둘을 동시에 강조했다. "오직 사랑 안에서 참된 것을 하여 범사에 그에게까지 자랄지라."

하나님 가정의 자녀인 우리는 서로 대화하는 단순한 행위를 통해 성장한다. 그런데 우리는 진실에 기반하여 사랑으로 대화해야 한다. 쉬운 일이 아닌 것은 분명하다.

나와 나의 친구들처럼 행동하면 사랑으로 진실을 말하기보다 둘 중 하나에만 매달리기가 훨씬 쉬울 것이다. 이 말은 주님을 알아온 기간이 얼마나 오래되었건 혹은 그 관계가 얼마나 돈독하건 관계없이 우리에게 보완해야 할 부족한 부분이 있다는 뜻이다. 어떤 이들은 진실을 말하고자 더 노력해야 한다면, 다른 이들은 상대방을 향해 더 깊은 연민과 사랑을 품고 대화하는 법을 훈련해야 한다.

진실을 말한다는 미명 아래 상대방에게 오히려 해를 입히지는 않는가? 자녀들과 성숙한 대화를 나누고 싶다면 진리로 상대를 세워주는 대화를 하고자 노력해야 한다. 이렇게 사고하기 위해서는 상대를 격려하는 능력을 키워야 한다. 사랑의 마음으로 진실을 말하는 힘을 길러야 한다. 다른 사람의 긍정적인 면을 찾아내서 포기하지 않고 그것을 가꾸어가도록 독려하는 방법도 좋다.

반면 진실을 알려주어야 할 때 회피함으로 상대방이 계속 취약한 상태에 있도록 방치하는 경향이 있다면 진실을 말하는 사랑을 훈련해야 한다. 상대방을 위해 솔직하게 진실을 말해주는 능력을 길러야 하는 것이다. 지적하지 않으면 실제로 해를 입힐 문제들을 그들에게서나 생활 속에서 유의하여 발견하도록 도와주어야 한다.

  다음 단원에서는 다른 사람을 진정으로 격려하는 방법을 살펴볼 것이다.

우리가 하나님의 사랑을 경험하고
그분이 우리 안에 사신다면 우리는 점점 더
주님처럼 대화할 수 있을 것이다.
우리가 선택하는 단어,
그 단어들을 문장으로 표현하는 방식,
말을 하는 의도가 모두 현재 그분과
지속적으로 누리는 관계에 영향을 받을 것이다.
이렇게 새롭게 변화된 대화는
하나님의 가정과 우리의 가정이
건강하기 위해 꼭 필요하다.
대화를 나누는 목표는 듣는 사람에게
은혜를 끼치는 것이다.

3부

격려의 기술

상대를 세워주는 진리를 말하라

19장

우리는 언제 격려해야 하는가?

아내와 대화하는 법을 진지하게 고민하던 남성과 상담한 적이 있다. 그의 아내는 그날 일찍 딸의 일기장을 우연히 발견해서 읽었다고 한다. 십 대가 흔히 그렇듯이 딸은 엄마의 행동이나 생각에 대해 짜증스럽거나 싫은 부분들을 직설적이고 노골적으로 일기장에 모두 적어두었다.

과거에 이런 일이 생겼다면 아내는 분을 참지 못하고 불같이 화를 내며 딸에게 받은 상처를 갚아주려 했을 것이라고 한다. "너는 우리를 사랑하는 마음이라곤 눈곱만큼도 없구나. 너를 키우려고 허리가 휠 정도로 일하는데 고작 이런 식으로 돌려받다니. 네가 빨리 독립해서 나갔으면 좋겠다."

그러나 이번에 그의 아내는 화를 내거나 딸을 비난하지 않았다.

비난하고 싶은 마음을 꾹꾹 눌러 참고 아무 내색도 하지 않았다. 한 걸음 더 나아가 아이의 숙제를 도운다거나 저녁 식사를 준비하며 여전히 가족의 필요를 살피는 일에 집중했다. 딸의 일기 내용을 어떻게 받아들여야 할지 조언을 들으려고 남편이 귀가할 때까지 기다렸다. 그녀로서는 정말 놀라운 변화와 성장을 보여준 것이다. 하지만 그녀의 남편은 여전히 아내가 한 일에 대해 우려가 사라지지 않았다. 자녀의 일기를 읽어도 좋은지 아닌지에 대해 서로 생각이 달랐던 것이다. 아내는 자녀의 일기를 읽어도 문제가 없다고 생각했지만 남편은 그렇지 않았다.

이전에 그들은 자녀에게 일기 쓰기가 감정을 다스리는 좋은 방법이라고 말해준 적이 있었다. 일기를 쓰면서 아이들이 자신의 감정을 확인하고 그것을 다스리는 법을 배울 수 있기 때문이다. 남편은 부모가 자녀의 일기를 읽고 아이들에게 화를 내거나 나무란다면 그들이 조언한 대로 했다고 자녀에게 벌을 주는 셈이라고 생각했다.

인생이 얼마나 복잡한지 알겠는가? 다른 여러 가정에서도 매일 이런 일이 일어나리라고 생각한다. 우리 집은 분명히 그렇다. 좋은 일과 불쾌한 일이 뒤섞인 상황을 심심치 않게 마주한다. 그 남편은 아내가 성장하고 있다는 사실에 진심으로 감사했다. 그동안 아내는 자녀들에게 습관적으로 화를 내서 자녀들과 또 다른 관계의 위기를 불러오곤 했는데, 그런 모습을 많이 고민하고 고치려고 노력했다. 딸의 일기를 읽고 얼마나 상처를 받았을지 생각해 본다면 화를 내는 것이 당연했다. 그러나 그녀는 반응을 자제하고 오히려 가족을 돌보았고, 그 상황을 해결하도록 도와줄 사람을 기다렸다.

그러나 애초에 그녀가 딸의 일기를 읽지 않았다면 이런 문제는 생기지 않았을 것이다. 특히 일기에 적힌 내용이 4, 5개월 전의 일이었고 그동안 딸과 관계가 꾸준히 개선된 점은 일기에 전혀 반영되어 있지 않았다. 남편은 어떤 문제를 집중적으로 다루고 지적해야 하는지 구분하기가 쉽지 않았고 혼란스러웠다.

그래서 나는 잠시 진정하고 사태를 전체적으로 파악해 보자고 제안했다. 나는 이렇게 말했다. "이런 상황은 사실 비일비재합니다. 정말 반갑고 기쁜 일과 좋지 않은 일이 혼재하는 경우가 많습니다. 살다보면 이렇게 서로 매듭이 뒤엉켜 있는 일을 많이 겪게 되지요. 그런 경우 어떤 부분에 집중해야 하는지와 어떤 부분을 간과해야 할지 분명히 짚어주어야 합니다. 당신은 어느 부분을 집중해서 다루어야 한다고 생각합니까?

성경을 보면 예수님이 누군가의 잘못을 지적하고 책망하는 경우를 수없이 볼 수 있습니다. 잘못된 부분들을 지적하시고 책망하시며 잘못을 고치라고 명령하시지요. 주님이 이렇게 접근하신 사람들을 떠올려볼 수 있습니까?"

그와 나는 함께 답을 고민해보다가 예수님이 일반적으로 거의 저주에 가까운 말로 비판하신 대상이 바리새인들, 자신이 의롭다고 끝까지 우기는 완악한 위선자들, 자신의 잘못을 절대 보지 않으려는 사람들이라는 사실을 깨달았다.

반면 사도 바울은 고린도에 사는 그리스도인들에게 편지를 보내면서 그들을 칭찬하는 내용으로 시작한다. 그는 그들을 성도라고 부른다(고전 1:2). 하나님이 그들에게 베푸신 은혜에 감사를 드린다(고전 1:4). 모든 언변과 지식에 풍족하여 모든 은사에 아무 부족함이 없다고 말한다(고전 1:7). 여기서 편지가 끝났다면 우리는 그들이 저녁 식사에 초대하고 싶을 정도로 멋진 사람들이라고 생각했을 것이다.

그러나 그 뒤의 내용을 마저 읽고 나면 그들이 엉망이었음을 알 수 있다. 그들은 분열하고 서로 시기했으며 사실상 교회는 여러 분파로 갈라져 심각하게 갈등을 빚고 있었다(고전 3-4장). 불신자들도 하지 않는 추악한 음행을 묵인했다(고전 5장). 서로를 향해 소송을 불사하고(고전 6장) 우상에게 바친 음식을 어떻게 처리해야 할지 혼란스러워했다(고전 8장). 하나님의 은혜를 입었고 지식에 풍족한 사람들의 모습과는 거리가 멀었다. 바울에게서 격려의 말을 들을 사람들처럼 보이지 않았다. 하지만 바울은 편지 서두에서 그들을 격려했다.

그러므로 잠시 여유를 갖고 '바리새인들과 고린도 교인들의 차이는 무엇인가?'라는 질문에 답해보자. 개인적으로 생각하는 차이는 다음과 같다. 한 집단은 주님의 조언을 전혀 듣지 않고 교만하게 굴었던 반면, 다른 집단은 많은 죄와 실수를 저질렀지만 마음을 열고 조언을 받아들였다. 바울은 고린도에 두 번째로 보내는 편지에서 고린도 교인들이 첫 편지를 받고 겸허한 마음으로 뉘우치며 회개했다고 칭찬했다(고후 7:8-13). 그들은 완악하게 마음을 닫지 않았고 바울은 그들을 격려하는 내용으로 시작하는 데 아무 문제가 없었다.

잠시 후 나는 상담 중인 남편에게 이렇게 물었다. "딸의 일기를 읽은 문제로 대화할 때 아내의 태도가 어떠했습니까? 완강했나요? 언제라도 지적을 받아들일 자세였나요?"

그는 이렇게 대답했다. "솔직히 말씀드리면 지적을 받아들일 자세가 되어 있었어요. 스스로 자제하려 노력했고 딸을 변함없이 사랑했습니다."

그런 경우 나는 격려하는 편을 택한다. 고쳐야 할 문제들이 있을 수 있지만(바울은 뒤에서 확실하게 그들의 잘못을 지적한다), 먼저 긍정적인 부분들을 칭찬하는 일부터 시작한다. 그리스도인 안에 싸워야 하는 죄성과 거룩하게 하시는 성령의 적극적 사역을 동시에 볼 수 있다면, 나는 두 측면의 증거를 모두 보려고 애쓴다. 아마 동일한 상황이라면 두 측면을 모두 볼 것이다. 다시 말해, 앞으로 더욱 경건하고 거룩하게 자라가도록 격려하는 것은 죄를 지적하고 책망하는 것 못지않게 큰 효과를 거둘 수 있다는 뜻이다.

실제로 더 효과적인 결과를 얻을 수도 있다. 그리스도인들은 완성되는 과정에 있고 언젠가는 절대적 선에 이를 날이 올 것이다. 우리의 운명은 결코 끝나지 않을 영원한 거룩에 이르도록 결정되어 있다. 죄는 유효 기한이 정해져 있다. 하나님의 백성은 오직 이 세상에 살 동안에만 내적으로 이 죄와 씨름할 뿐 내세에서는 더 이상 죄와 싸울 필요가 없다. 그러므로 하나님의 자녀들과 대화하고 소통할 때, 관계에 필요한 시간과 에너지를 어디에 쓰고 싶은가? 앞으로 100년도 지나지 않아 사라질 것을 다루는 데 시간과 에너지를 쓰고 싶은가? 아니면 앞으로 수십억 년이 흘러도 전혀 퇴색하지 않을 무언가에 쓰고 싶은가? 나는 하나님이 계획하신 수준까지 사람들이 자라가도록 촉구하고 돕는 데 더욱 힘쓰고 싶다.

분명한 것은 상대방이 올바로 살고자 하는 마음이 있을 때 이 일이 가능하다는 것이다. 바리새인들을 격려하면 오히려 그들의 우월감만 강화할 뿐이다. 거룩하게 살고자 하는 의지가 전혀 없는 사람에게는 다른 접근 방식이 필요하다. 그러나 최소한 경건하고자 하는 마음이 있고 기꺼이 들으려는 태도를 보이는 사람과 대화할 때 격려의 말을 능숙하게 사용하도록 훈련하라. 이런 격려는 비난과 조롱의 해독제가 된다.

격려는 여섯 살 아이들을 코치하는 것과 비슷하다

내 아들은 야구를 아주 좋아했다. 예전에 나는 아들이 속한 팀을 훈련하는 데 도움을 주는 코치 역할을 맡게 된 적이 있다. 유일한 문제는 내가 야구에 무지하다는 것이었다.

나는 열두 살 무렵 '리틀 리그 베이스볼'(Little League Baseball) 팀에서 뛰겠다고 결심했다. 이것은 내가 다른 친구들보다 6, 7년 정도 뒤쳐져 있다는 뜻이었다. 12세 아이들만 입단하는 리그에 배정되기는 했지만, 이미 다른 팀에서 활동했고 수년 동안 현장에서 뛴 경험이 있는 아이들로 이루어진 리그였다. 정해진 팀이 없었기 때문에 나는 훈련이라는 것을 전혀 받지 못했는데도 특별한 리그 경기가 열릴 때 선수로 출전했다.

나는 처음으로 야구 방망이를 잡은 순간을 잊을 수가 없다. 타석에 들어섰을 때 나는 선수로서 당연히 숙지했어야 할 내용이 하나도 생각나지 않았다. 코치의 사인을 유의해서 보아야 한다는 사실도 잊어버렸다. 유의해서 본다 한들 그 의미를 알아차릴 수 없었을 것이다. 포수가 투수에게 공을 다시 던지는 것을 방해하면 안 된다는 사실도 까맣게 잊었다. 그래서 매번 포수가 글러브로 나를 살짝 옆으로 밀쳐내야 했다. 지금 생각해보면 관중석의 사람들이 보기에 나는 계속 공을 쳐야 한다는 사실조차 잊어버린 사람 같았을지도 모르겠다.

이뿐만이 아니다. 필드를 전속력으로 달렸지만 마지막 순간에

멈칫하는 바람에 1미터도 안 되는 거리에서 공을 놓치기도 했다. 그 공이 내 공인지 유격수 공인지 순간적으로 헷갈린 탓이었다. 심지어 그는 내게 기회를 주려고 한 걸음 물러선 상태였다.

거의 30년이 흐른 뒤 나는 아들의 팀에서 야구 코치를 맡게 되었고, 야구 팀은 내게 1루를 맡아달라고 했다. 그 말을 듣고 나는 속으로 '좋아. 일단 시작은 괜찮아. 적어도 1루가 어디인지는 아니까'라고 생각했다.

그래서 공식 팀 셔츠를 입고 당당하게 1루로 향했다. 사실 팀의 공식 복장을 착용할 때마다 일종의 사기를 치는 듯한 불편한 마음이 늘 있었다. 하지만 여섯 살 아이들을 소위 '코칭'한다는 것은 결국 치어 리더 역할에 불과하다는 사실을 확인했다.

- 잔뜩 긴장하고 타석에 들어서는 어린 선수들을 보면 응원의 미소를 보내주었다.
- 긴장해서 슬슬 불안한 기색을 내비치는 아이들이 있으면 뒤에서 응원하고 있다는 사실을 알려주려고 손뼉을 치고 "힘내, 잘 할 수 있어"라고 큰 소리로 외쳤다.
- 두 손을 활짝 펼쳐 진정하라는 동작을 하면서 심호흡을 하고 긴장을 풀라고 말했다.
- 아이들이 헛스윙을 하면 공을 잘 보고 치라고 주의를 주었다.
- 안타를 치면 흥분해서 귀가 아플 정도로 소리를 질렀다. "달

려! 달리라고! 끝까지! 그래, 잘했어!"
- 득점하면 우리는 의기양양해져서 축하의 의미로 하이파이브를 했다.

그러다가 놀라운 일이 벌어졌다. 아이들이 나에게 말을 걸기 시작한 것이다. 아이들은 야구 방망이로 공을 칠 때 어떤 느낌이 드는지 이야기했다. 공을 칠 때의 짜릿함, 그 순간 드는 생각, 공을 정확히 칠 수 있는 비결, 혹은 스트라이크 아웃을 당할지 모른다는 두려움 등을 털어놓았다.

그러다가 대화가 왕왕 다른 방향으로 흘러가곤 했다.

- 상대 팀에 있는 같은 학교 친구를 손가락으로 가리켜 알려주었다.
- 그날 일찍 무슨 일을 했는지 혹은 끝나고 어디로 갈 것인지 말해주었다.
- 가족과 휴가를 떠날 예정이라 다음 경기에 뛸 수 없고, 놀러 갈 생각을 하니 너무 신난다고 말해주었다.
- 경기 중 부상을 입은 이야기나 학교에서 있었던 이야기를 해주었다(상처를 보여주기도 했다).

나와 이 어린 친구들 사이에 무슨 일이 일어난 것일까? 나는 야구에는 완전히 문외한이었지만, 이 아이들은 내가 그들을 대하는 태도나 격려하는 모습을 보고 진심으로 자신을 사랑하고 돌봐주려 애쓴다는 사실을 알았다. 그들은 나를 그렇게 경험하고 나서 마음을 터놓았다. 아이들은 그런 내 노력에 부응하려 했고 우리 사이에는 끈끈한 우정이 싹텄다.

누군가를 제대로 격려하는 기술들을 배우고 발전시킬 수 있지만 중요한 핵심이 있다. 격려가 고도의 지능이 요구되는 일은 아니라는 것이다. 격려는 우리 능력 밖의 기술도 아니고, 심각하게 깊이 고민해야 할 일도 아니다. 격려는 사람들에게 큰 영향을 미치며 관계가 극적으로 진전되도록 도와준다.

20장

격려에는 시간이 필요하다

오래전 컴퓨터 회사에서 일하던 시절, 회사 엔지니어 중 한 사람이 자기 집에 설치한 기기들과 가전제품을 자랑했다. 각 기기들이 얼마나 유용한지 한참 자화자찬을 늘어놓더니 "본전을 못 뽑는 물건은 우리 집에 절대 두지 않을 겁니다"라고 단정적으로 말했다.

짐작되겠지만 그는 젊었고 자신만만했다. 하지만 앞으로 가정을 꾸리고 자녀를 낳아 키울 때 그의 이런 태도가 가정에 어떤 영향을 미칠지 궁금증이 생긴 나는 반신반의하는 눈으로 그를 바라보았다. 투자한 만큼 회수하는 원칙을 절대적으로 여기는 경우 관계에 긍정적인 환경이 만들어질 리가 없다. 항상 최소한으로 투자하고 그만큼 되돌려 받기를 기대하고 살면서 그 태도가 관계에 영향을 미치지 않으리라 생각한다면 완전히 스스로를 기만하는 것이다.

그로부터 몇 년 후 운전하던 중 내 앞의 밴 차량 범퍼에 붙어 있던 스티커를 보고 느꼈던 불편한 감정도 이와 유사했다. 거기에는 '공짜 탑승 금지'라는 말이 쓰여 있었고, 여러 가지 가격표가 붙어 있었다. 그것을 보란 듯이 달고 다니는 사람은 인간관계에서 자신이 투자한 것 이상으로 많은 이익을 뽑아낼 것이라고 노골적으로 선언하는 데 아무 가책을 느끼지 않을 것이 분명했다.

당신이라면 이런 사람들과 관계를 맺고 싶겠는가? 아닌가? 왜 그런가? 그들의 말이 이런 메시지를 전하기 때문이다. 투자한 만큼 충분히 보상하지 않는 사람은 귀중한 시간을 들일 가치가 없는 존재라는 것이다. 하지만 하나님은 완전히 다른 메시지를 전달하신다. "내가 들으니 보좌에서 큰 음성이 나서 이르되 보라 하나님의 장막이 사람들과 함께 있으매 하나님이 그들과 함께 계시리니 그들은 하나님의 백성이 되고 하나님은 친히 그들과 함께 계셔서"(계 21:3).

하나님의 백성이 모두 함께하고, 백성이 그분과 함께 살며, 하나님은 영원히 백성과 함께하는 주님의 간절한 소망이 실현될 날이 오고 있다. 하나님은 산발적으로 한두 시간 우리와 함께 보내는 정도에 만족하지 않으신다. 그분은 인간이 상상할 수 있는 지평선 너머 아득히 먼 곳까지 이어질 미래, 우리와 함께할 미래를 준비하고 계신다. 하나님은 우리를 원하신다. 그리고 명심하라. 하나님은 그 사실을 자신만 알고 계시지 않는다. 귀중한 시간의 일부가 아닌 전부를 우리와 함께하기를 원하신다는 사실을 우리에게 알려주신다.

이런 약속으로 누가 가장 혜택을 입으리라 생각하는가? 우리인가, 하나님인가? 당연히 우리일 것이다. 하나님이 우리와의 관계에 투자하신 만큼 본전을 되찾기를 원하신다면, 우리에게는 받은 혜택을 돌려드릴 능력이 전혀 없으므로 하나님과 영원히 함께하지 못할 것이다.

이제 하나님과 맺은 관계에 대해 어떤 생각이 드는가? 조금이라도 더 용기가 나고 힘이 생기지 않는가? 한 인격체로서 조금이나마 더 성장한다는 생각이 들지 않는가? 그렇다면 그것은 하나님이 우리와 함께하기를 원하신다는 사실을 알려주셨기 때문이다.

현대 세계는 인간 존엄의 가치를 폄하하고 무시한다. 그리고 사람들은 끊임없이 누군가와 관계를 맺으며 부지런히 달려간다. 하지만 너무 바쁘거나 아니면 상대방에게 요구하는 바나 이루려는 목표에 집중한 탓에 깊은 관계를 맺지 못한다.

나의 아내는 그런 식으로 얕은 관계를 맺는 세태에 맞서려고 노력한다. 그녀는 내가 시간을 아낌없이 투자해도 되는 소중한 존재임을 알려준다. 내가 어떻게 하루를 보냈는지 관심 어린 질문을 던지고 실제로 정말 알고 싶어 한다. 수년 전 어느 날, 저녁 식사를 마친 아내는 나에게 하루를 어떻게 보냈냐고 진지하게 물었다. 그 질문을 하자마자 때맞추어 아이들이 들이닥쳤고 저마다 다른 요구를 하며 관심을 차지하려고 했다. 나는 아이들의 갑작스러운 기습에 당황해서 모범생 같은 대답으로 질문을 슬쩍 흘려보냈다. "좋았어. 잘 지냈어."

그러나 아내는 "좋았어"라는 대답이 성에 차지 않는 모양이었다. 아이들을 각자 방으로 돌려보낸 뒤 대화를 다시 시도했고 "오늘 아침 모임은 어땠어요?"라고 구체적으로 질문했다. 부엌에서 하던 일을 멈추고 내가 앉아 있는 거실로 와서 옆에 바짝 붙어 앉은 다음 내 대답을 꼭 들어야겠다는 투로 기다렸다.

아내가 진심으로 내게 관심이 있다는 증거였다. 내가 어떤 고민을 하며 어떻게 지내는지 알고 싶고 삶을 공유하고 싶은 마음이 간절했기에 아내는 나라면 도무지 뿌리치지 못했을 여러 일에도 관심을 두지 않았다. 나와 함께 시간을 보내려고 단단히 벼르고 있었다. 그런 아내를 보면서 나는 드디어 마음을 열었다. 자신의 시간을 사용해도 아깝지 않다고 분명하게 말해주는 사람에게 합당한 반응을 보이게 되었다. 격려를 받았다.

우리와 자녀 사이에서도 동일한 관계의 원리가 적용된다. 때로 아이들을 위해 일부러 시간을 내고, 그런 시간을 통해 그들이 특별하고 소중하다는 사실을 전달하며, 주도적이고 적극적으로 사랑과 관심을 보여줄 필요가 있다. 나는 하루 종일 자녀들 중 한

명을 생각하고 집으로 와서 아이를 찾는다. 그리고 이렇게 묻는다. "안녕, 잘 지냈니? 오늘이 무슨 날인지 알아?"

보통 이런 질문을 하면 아이는 경계하는 눈빛으로 질문에 대답한다. "화요일이요?"

"아니." 나는 능청스러운 표정을 지으며 미소 짓는다. "오늘은 대니의 날이야. 너와 함께 저녁 시간을 어떻게 보낼지 하루 종일 생각했단다. 아빠와 함께 놀 시간이 있니?" 그러면 아이는 활짝 웃으며 신이 나서 무엇을 하고 놀지 고민하며 이런저런 제안을 한다.

어떤 경우에는 대화가 필요하다고 생각하는 가족과 함께할 시간을 내기 위해 하던 일을 잠시 제쳐두고 기다려야 할 때도 있다. 개인적으로 이런 경우가 더 어렵다. 하지만 아이 중 누군가에게는 특별히 중요한 시간이다.

아들 팀은 자신의 인생과 여러 가지 일로 고민을 많이 하는 편이다. 하지만 자기의 생각을 좀처럼 표현하려 하지 않는다. 중요한 경기를 마치고 막 돌아왔거나, 친구들과 놀고 왔거나, 또래 몇몇이 모여 주중이나 주말에 짧은 여행을 다녀왔을 때는 특별히 더 그러는 것 같다. 이럴 때 내 주변으로 와도 채근하는 것은 절대 좋은 생각이 아니다. 아이가 뜸을 들이다가 결국 말할 것이기 때문에 기다려주어야 한다. 그러다 보면 어느 한순간에 말문이 터진 듯 마음을 털어놓을 것이다. 속에 있는 생각을 털어놓고 나면 앞으로 마음에 응어리가 지거나 우울한 기억을 되새기지 않을 것이다.

그래서 팀이 언제 말문을 열든, 시간이 언제든 개의치 않고 필요하다고 생각하면 바로 일을 멈추고 들어준다. 때로는 나 자신을 타일러야 할 경우도 있다. '읽던 책은 내려놓고 텔레비전은 끄자. 투덜대지 마라. 말을 가로막지 말자. 집중해서 들어야 해. 중요한 순간이야.' 이것은 언제나 변함없이 중요한 원칙이다. 이 시간은 항상 소중하고, 아이가 나를 자기의 세계로 받아들일 때 나는 언제나 행복해진다.

신기하게도 이렇게 소소한 대화와 소통이 큰 효과를 낸다. 적절하게 적극 개입하거나 들어줄 준비를 하면, 우리 아이들은 더 침착해지고 더 안전감을 느낀다. 그들이 부모에게 중요한 존재라는 사실을 알고 그 사실을 계속 확인해왔기 때문이다.

이전에 한 목사님은 "양적으로 많은 시간을 투자하다 보면 우연히 소중하고 뜻깊은 시간을 보낼 수 있다"라고 말했다. 곧, 미리 계획한다고 해서 항상 의미 있는 시간을 보내는 것은 아니라는 말이다. 당연히 부모가 준비되어 있어야 하지만 아이에게도 시간이 필요하다. 억지로 이런 시간을 보내자고 할 수는 없다. "좋아. 이제 준비가 끝났어. 이제 의미 있는 교제와 대화를 하게 될 거야." 관계는 이런 식으로 이루어지지 않는다.

그러나 가능한 한 많은 시간을 보낼 수는 있다. 일정을 느슨하게 짜서 여유 시간을 낼 수 있다. 죽음을 앞두고 지난날을 돌이

커보면서 더 열심히 돈을 벌지 않았다고 후회하거나 청소기를 몇 번 더 돌렸으면 좋았을 것이라고 생각하는 사람은 아무도 없다. 대부분 소중한 사람들과 시간을 더 많이 보내지 못한 것에 후회한다.

 아이들이 좋아하는 방식으로 소통하고 대화하는 시간을 낼 수 있다. 이렇게 되도록 많은 시간을 아이들과 보내다 보면 의미 있는 관계를 이어갈 상황이 마련된다. 자녀들을 격려하고 싶다면 미리 계획하거나 딱딱하고 엄격하게 일정을 짜는 방식에서 벗어나라. 아이들을 자연스럽게 초청하고 함께 시간을 보내라. 아이들이 부모의 시간을 사용하게 하라. 하나님이 우리에게 선물로 주신 시간을 아이들에게 선사하라.

21장
서로 장점을 드러내고 칭찬하는 분위기를 만들라

매사에 비판적인 사람과 함께 있을 때 어떤 기분이 드는지 떠올려 보라. 비판적인 사람들은 때를 가리지 않고 틈만 나면 누군가를 비판한다. 다시 말해 홀로 있을 때뿐만 아니라 여러 사람이 있는 곳에서도 공개적으로 상대를 비난할 수 있다는 뜻이다. 상대방의 미숙한 부분들을 다른 사람들에게 알리는 경우도 적지 않다.

둘만 있을 때 비난받는 것도 견디기 어렵지만, 공개적으로 비난 당하는 경우는 흡사 누군가가 나대신 나의 잘못을 고백하는 것과 같다. 그 사람이 언제, 어디서, 누구에게 그리고 얼마나 내 잘못을 고백하고 다닐지 알 수 없다.

내가 이런 사실을 아는 것은 그동안 누군가의 비난으로 큰 상처를 받아서가 아니다. 바로 내가 오랫동안 사람들 사이에서 대체로 이런 식으로 행동했기 때문이다(물론 나 역시 사람들에게 상처를 받은 경험이 적지 않다). 다른 사람들을 비난하는 행동에는 대화 상대에게 그들에 대한 나쁜 인상을 심어주고 결과적으로 나를 더욱 돋보이게 하려는 의도가 숨어 있었다. 이런 행태는 수십 년 동안 지속되었다.

슬프게도 이런 나의 행태를 자각하게 된 것은 내가 아내의 잘못을 얼마나 자주 들추어내는지 알아차린 뒤부터였다. 아내를 보호하거나 돕기 위해서가 아니라 나를 돋보이게 할 목적으로 말이다. 이런 내 태도가 아내 샐리에게 어떤 영향을 미쳤을지는 짐작이 갈 것이다. 툭하면 아내를 부당하게 비난하고 깎아내렸기 때문에 내 친구들이 아내를 칭찬한 것을 전해주자 좀처럼 믿으려 하지 않은 것은 어찌 보면 당연하다.

비난은 사람들의 실수와 단점을 들추어내고 지적하며 남들에게 알리는 행위다. 그렇다면 격려의 중요한 한 가지 요소는 당사자에게뿐 아니라 다른 사람들에게 그들의 장점과 업적을 드러내는 기술을 배우는 것이다. 여느 기술처럼 이것은 집중적으로 부지런히 연습해야 한다. 이 기술을 제대로 배운다면 진정한 성장과 발전을 보상으로 받을 수 있다.

다른 사람들의 장점을 눈여겨보라

성격이나 인품은 변화될 수 있으므로 먼저 새롭게 살아가겠다고 확고하게 결단해야 한다. 다른 사람을 비난하고 비판하지 않겠다고 결심해야 한다. 하지만 이런 결심만으로 충분하지 않다. 실제로 긍정적인 방향으로 행동하지 않고서는 계속 잘못을 저지를 수밖에 없다.

샐리와 관련해서는 역시 아내에 대해 부정적으로 말하고 헐뜯는 문제가 나에게 있었다. 따라서 아내가 얼마나 좋은 사람인지 사람들에게 알리려고 노력할 때 변화가 시작될 수 있음을 깨달았다. 아내에 대해 말할 때 의도적으로 아내의 장점을 강조할 필요가 있었다는 말이다. 아내의 좋은 점을 부각하려고 노력해야 했다.

이 일은 결코 쉽지 않았다. 아내를 칭찬하는 것이 어려워서가 아니라 내가 아내에 대해 긍정적으로 말하는 훈련이 되어 있지 않았기 때문이다. 그래서 나는 누군가를 만나기 전에 자리에 앉아 아내를 험담할 가능성은 없는지 여러모로 미리 생각해보았다. 이렇게 실수할 가능성을 예상해보면 그런 유혹에 넘어가지 않도록 스스로 경계하고 조심할 수 있었다. 그런 다음 아내의 장점이 돋보였던 일화들을 찬찬히 떠올리고 그 이야기들을 집중적으로 하려고 노력했다.

남을 비판하고 부정하는 데 익숙한 세상에서 격려를 실천하고 훈련하기 위해서는 노력하고 고민해야 한다는 말을 들어본 적이 있는가? 누군가를 격려하고 그의 장점에 집중하는 일은 저절로 일어나지 않는다.

그러나 아무리 애써도 상대의 긍정적인 면모가 떠오르지 않는다면 어떻게 해야 하는가? 부정적인 내용만 떠오른다면 어떻게 해야 하는가? 주변 사람들을 함부로 예단하고 비난하는 습성이 깊이 배어 있다면 어떻게 해야 할까? 매사에 사람들의 행동에서 흠을 찾아내려고 마음의 레이더를 바짝 세우고 다닌다면 어떻게 해야 하는가?

이런 모습은 내게서도 찾아볼 수 있다. 하지만 감사하게도 여전히 희망은 있다. 그런 덫에 빠져 있는 내 모습을 볼 때마다 나 자신에게 이렇게 말했다. "사람들의 저 모습이 진실일 리가 없잖아. 사람들은 일차원적이지 않아. 인간은 단순히 실수와 잘못으로만 이루어져 있지 않아. 그리스도를 모르는 사람들조차 여전히 하나님의 형상으로 만들어진 존재이고, 아직은 절망적일 정도로 부패했거나 악하지 않아. 사람들이 항상 악한 일만 할 뿐이라는 거짓말을 믿어서는 안 돼. 이제 사람들에게서 칭찬해줄 면을 찾아볼 때야."

이 연장선상에서 나는 집안을 이리저리 둘러보며 가족을 칭찬할 일은 없는지 일부러 찾아다닐 때도 있다. 때로는 거창하지 않은 소소한 칭찬 거리를 찾아보기도 한다.

- 엄마가 부를 때 곧바로 식탁으로 와서 앉는 아이를 주의 깊게 살펴본다.

- 귀찮다고 투덜거리지 않고 이를 잘 닦는 아이가 누구인지 살펴본다.
- 어린 남동생이 다치지 않도록 위험한 물건을 치워두는 여섯 살 된 아이를 눈여겨본다.
- 잘못을 지적했을 때 따지거나 변명하지 않고 순순히 받아들이는 아이를 눈여겨본다.
- 잔소리하거나 시키지 않아도 식기 세척기를 비우거나, 잠자리를 정리하거나, 세탁물을 정돈하거나, 고양이 배변을 치우거나, 식사 준비를 돕는 등 매일 각자 맡은 일을 잘하는 아이를 눈여겨본다.

이 중에 세상이 놀랄 정도로 거창한 일은 하나도 없다. 그러나 어느 하나 중요하지 않은 일도 없다. 사람들이 며칠이고 몇 주고 자기에게만 몰두한 채 안개처럼 허무하게 표류하고 무가치한 일에 매달릴 때, 외부로 시선을 돌리는 행동은 주목할 만한 긍정적인 변화이므로 꼭 언급하고 칭찬해야 한다. 나는 부탁하지 않아도 문을 닫아주는 사람에게 꼭 감사를 표현하려고 한다. 그 사람이 그 순간 자신만 생각하지 않고 다른 사람의 처지도 생각해준 것이기 때문이다. 그것을 인정하는 것이 그에게나 내게 꼭 필요한 일이다.

반드시 거창한 일만 격려해야 하는 것은 아니다. 어떤 일이든 자기에게 집착하고 몰입하려는 본능에 맞섰다는 사실이 중요하다. 자신에게 몰입하도록 부추기는 세상에 사는 우리에게 이 본능은 더욱 강렬한 위력을 발휘하기 때문이다.

서로의 장점을 드러내고 칭찬하는 가정은, 무슨 일을 해도 잘했다고 하지 않고 착한 일을 해도 칭찬하지 않는 가정과는 다르게 분위기가 활기차고 밝다. 그런 가정에서 자란 자녀는 부모가 자신의 행동에 감사하고 자기 노력을 인정해주리라는 기대를 품는다. 또 부모가 자신의 잘못이 아닌 칭찬할 일에 집중해준다는 사실을 알고, 자신을 문제아 취급하거나 늘 말썽만 일으키는 골칫덩어리로 여기지 않는다고 믿는다. 그리고 소중히 여겨진다고 느끼며 더 발전할 수 있는 점이 자신에게 있음을 인식한다. 부모는 자녀의 이런 점들을 찾아 구체적으로 드러내고 칭찬하려고 노력해야 한다.

자녀의 어느 부분이 좋은지 구체적으로 말하라

상대적으로 개발하기 쉬운 기술을 하나 더 소개한다. 자녀의 어떤 점을 좋아하는지 사람들에게 구체적으로 말하는 것이다. 아부를 하라는 뜻이 아니다. 아부는 진심에서 우러나온 말이 아니다. 누구나 그것이 아부라는 것을 안다. 보답을 바라고 다른 사람을 치켜세우는 것을 아부라고 부른다. 우리는 자녀를 세워주고 강건하게 해주는 말을 해야 한다. 전혀 근거가 없는 말이 아닌 사실을 기반으로 해야 하며 스스로도 그렇게 믿어야 한다.

이렇게 쉽게 칭찬할 수 있는 한 가지 방법을 꼽는다면 자녀들에 대해 좋아하는 점을 이야기하는 것이다. 자녀의 유머 감각, 솔직한 성격, 고통스러워하는 사람을 보면 공감하고 함께하는 마음, 주님과 깊은 교제를 나누는 것, 진지하게 대화할 수 있는 능력이 여기에 해당할 것이다. 운동에 재능이 있거나 예술가의 자질이 있다거나, 과학에 호기심이 많거나, 동물을 사랑하거나, 요리나 제빵 실력, 만들기나 청소를 잘하는 것도 포함된다.

자녀에게 특별히 좋아하는 부분을 마지막으로 칭찬해준 것이 언제인지 기억하는가? 자녀와 한집에 살다보면 이런 점들을 당연히 여길 때가 많지만, 자녀에게 이런 점을 알려주는 일은 매우 중요하다.

자녀가 무엇을 잘하는지 생각나지 않는다면 위험 신호로 받아들이고 경각심을 가져야 한다. 자녀는 한 사람 한 사람 모두 하나님의 형상으로 만들어진 존재이므로, 그들 각자가 하나님과 그분의 영광을 반영하고 종종 놀랍고도 특별하게 그 영광을 드러낸다. 자녀의 장점이 무엇인지 찾아내기가 쉽지 않다면 하나님이 그들 안에 갖추어주신 고유한 장점들을 보게 해달라고 성령님께 기도하라. 그런 다음 주의 깊게 살펴보라.

나의 아들 팀은 길을 잃는 법이 좀처럼 없다. 방향 감각을 타고나서 자신이 현재 어디에 있는지, 어디로 가야 할지 잘 안다. 나는 이런 재능이 없다. 그래서 하루는 쇼핑몰에서 장을 보고 나와서 우리가 어디에 주차해두었는지 팀에게 물어보았다. 샐리는 내가 아들을 테스트한다고 생각했지만 나는 정말로 차가 어디에 있는지 몰랐다.

그래서 그로부터 몇 해 전 메이저리그 경기가 끝나고 주차 위치를 몰라도 차를 찾을 수 있는 방법을 발견한 이야기를 들려주었다. 경기 후 45분 정도 혹은 주차장에 차가 몇 대 안 남을 때까지 기다리면 차를 찾을 수 있다(대낮에 쇼핑몰에서는 효과적인 방법이 아니다).

밤에 델라웨어(Delaware) 강을 연달아 세 번이나 건넜던 이야기도 해주었다. 강을 건너자마자 반대 방향으로 다시 강을 건너가는 차선을 타버렸던 것이다.

내가 이런 이야기들을 들려주었던 이유는 나의 치부를 드러내기 위해서가 아니라 팀을 세워주기 위해서였다. 우리가 그의 재능을 보고 하나님이 주신 것이라 격려하고, 그가 받은 재능이 당연한 듯 보이지만 누구나에게나 있는 평범한 재능은 아니라는 사실을 알려주고 싶었다. 그러나 그것만이 아니었다. 팀을 자세히 살펴보면 하나님과 닮은 점이 있음을 알 수 있다. 하나님은 절대 길을 잃어버리시는 법이 없다. 하나님은 자신이 만든 우주를 완벽하게 운행하시며 어디에 무엇을 두셨는지 알고 계시므로 자신의 위치를 언제나 알고 계신다.

내 아들을 보면 하나님의 일부를 보는 것 같다. 그리고 팀의 그런 면이 좋다. 아들의 그런 면이 부럽다. 아들이 이런 나의 생각과 느낌을 알도록 소리 내어 말해주어야 한다.

서로의 장점을 인정하는 가족 문화를 만들라

누군가가 얼마나 특별한지 알려주는 시간들은 자연스럽게 찾아올 수도 있지만, 가족의 문화로 정착되도록 의도적으로 노력할 수 있다. 오래전 어떤 사역 세미나에서 강의를 들은 후 나도 적용해볼 수 있겠다는 생각이 들어 실제로 시도해본 적이 있다. 샐리의 생일을 축하하는 저녁 식사 자리에서 엄마의 좋아하는 점을 각자 생각해보고 식사하는 동안 돌아가며 말하자고 제안했다.

그러자 한 아이가 불쑥 이렇게 말했다. "한 가지 생각났어요! 하지만 하나만 말할 수는 없어요." 그런 다음 엄마가 밤에 재워줄 때 안아주고 뽀뽀해주면 얼마나 아늑하고 마음이 평온해지는지 이야기하기 시작했다. 다른 두 아이도 뒤질 새라 끼어들었다. 그날 무슨 말을 했는지 자세히 기억나지는 않지만, 각자 엄마의 좋은 점을 이야기했고 모두 고개가 끄덕여지는 내용이었다는 사실은 기억한다. 아내에 대해 우리가 정말 좋아하고 소중하게 여기는 점을 들려줌으로 아내는 격려를 받았고 보람을 느꼈다.

이 칭찬 이벤트는 아내의 생일에서 끝나지 않았다. 우리는 다음 가족의 생일 때도 똑같이 했고 결국 우리 가정의 전통으로 자리 잡을 때까지 쭉 이어졌다. 모두 책임을 지고 실천하는 전통이 되었다. 내가 아내에 대한 칭찬을 먼저 시작하지 않았는데도 아들이 선수를 쳤다는 사실에 놀라기도 하고 진심으로 기쁘기도 했다. 그 순간 아이들은 격려의 생활 방식을 솔선수범하고 훈련하고 있었다.

그 강렬한 순간은 내게 경이감을 느끼게 해준다. 맛있는 저녁을 차려준 것이나, 아무 대가도 바라지 않고 돌봐준 것이나, 새 자전거를 사준 것이나, 새로운 경험을 하게 해준 것에 어린 자녀가 감사하다고 말하면 놀랍기도 하고 행복하기도 하다. 매순간 그런 경험을 할 수는 없다. 그리고 그런 말을 듣는 것을 목표로 살 수도 없다. 하지만 다른 사람을 칭찬하도록 자녀를 격려해서 칭찬의 어조와 분위기가 정착되면 분명히 그런 순간들을 경험할 수 있을 것이다.

한 남편이 겪은 일도 한 가지 사례로 소개할 수 있다. 그는 아내를 격려하려고 무진 애를 썼지만 아내는 전혀 호의적으로 반응하지 않았다. 남편은 그런 아내의 태도에 도리어 마음이 상하고 말았다. 아내가 왜 그렇게 반응하는지 짐작되는 점이 있느냐고 물어보자, 그는 누구도 절대 격려해주고 응원해주지 않았던 아내의 가정 환경이 원인일 것이라고 말했다.

'절대'라는 단어는 단정적이고 과장된 표현일 수 있다. 하지만 그런 성장 배경 때문에 가까운 사람이 그녀를 격려하고 세워주려 할 때조차 미심쩍은 눈으로 쳐다보며 '저 사람이 지금 무슨 꿍꿍

이속이지?'라고 생각했다는 것이다.

  그렇다고 그녀에게 격려가 필요 없다는 말인가? 아니다. 오히려 제대로 돌봄을 받지 못한 그녀의 영혼이 온전히 격려를 받아들이는 법을 배울 때까지 꾸준히 격려하고 배려해야 한다. 남편이 그녀를 변함없이 사랑하는 확실한 방법일 것이다.

  자녀가 부모에게서 들어야 하는 말도 바로 이런 사랑의 말이다.

22장
잠재되어 있는 긍정적인 장점을 찾아보라

우리는 사람들을 현재 있는 모습 그대로 격려해줄 뿐 아니라 변화되어가는 모습도 칭찬해주어야 한다. 우리 자녀들은 자라가는 과정에 있다. 하루가 다르게 성장하고 발전해가며 변화되어가는 중이다. 부모는 아이들이 긍정적인 방향으로 변화되도록 도와주어야 한다.

하루아침에 미성숙에서 탈피하는 일은 일어나지 않는다. 굳어진 습관이나 버릇은 쉽게 바뀌지 않는다. 진정한 변화는 주로 소소하지만 지속적이고 다양한 형태로 나타난다. 새로운 길로 나아가는 걸음걸음은 쉽게 내딛을 수 있는 것이 아니므로 당연하게 생각하거나 소홀히 여기지 말고 꼭 칭찬해주어야 한다.

부모와 편안하고 허심탄회한 관계로 지내려고 노력하던 한 십

대 소년을 상담한 적이 있다. 소년은 부모님이 싫어하는 일을 했다고 생각하면 숨기려고 하는 문제가 있었다. 하루는 그의 어머니가 쓰레기를 밖에 내놓아달라고 부탁했다. 그는 어머니의 요청을 곧바로 실행하지 않고 꾸물거렸다. 하지만 결국 쓰레기를 밖으로 내가면서 어머니의 요청에 불성실하게 반응한 것이 잘못된 일이었음을 깨달았다. 그래서 어머니에게 돌아가 곧바로 순종하지 않아서 죄송하다고 말했다.

이런 행동은 평소에 소년에게서 볼 수 없었던 태도였고, 쉽게 보여줄 수 있는 모습도 아니었다. 그는 마음속 내밀한 고민까지 솔직하게 털어놓았다. 자신이 얼마나 부정적으로 보일지는 개의치 않았다. '이 아이가 저런 사실을 털어놓는 것을 보면 이 경험이 중대한 변화의 계기로 작용하는 것을 스스로 알고 있구나'라는 생각이 들어 나는 매우 흡족했다. 그리고 나는 어머니가 그런 변화를 알아차렸는지 물었다.

"아니오." 소년은 수줍게 미소를 지으며 대답했다. "엄마는 알아차리지 못하셨을 것 같아요."

그녀는 아들이 자라가고 있다는 이런 소소한 징후들을 유심히 관찰하고 확인해야 했다. 이렇게 자녀가 성장하는 순간들은 매일 찾아온다. 자녀가 스스로 어려운 일을 시도하는 순간들을 매일 볼 수 있다. 그런 순간들을 포착하면 놓치지 말고 꼭 칭찬해주라. 그래야 자녀는 무슨 일이 있어도 부모가 자기편이 되어주리라 믿을 것이다.

자녀가 노력하고 애쓰는 부분이 무엇인지 유심히 보라

그러나 이런 관계를 맺기 위해서는 자녀가 노력하고 고민하는 부분이 무엇인지 세심히 살펴야 한다. 물론 이런 일은 쉽지 않다. 나의 경우에는, 우리 아이들이 자신에 대해 고민하지도 않고 잘못된 부분을 고칠 생각이 없다고 속단하는 경우가 적지 않다. 오래 전에 이미 고쳤어야 하지만 짜증스럽고 눈살 찌푸리게 하는 일을 여전히 수없이 반복하고 있다는 생각이 들면 화가 난다. 하지만 이런 태도는 나의 비판적 본성을 강화할 뿐 아무 도움이 되지 않는다.

그럴 때마다 나는 하나님이 내 인생에서 교정해주셔야 하는 일이 적어도 수백만 개가 넘는다는 사실을 깨닫고 정신이 번쩍 든다. 신기하게도 하나님은 그런 문제들 중 한 번에 한두 개만 집중하게 하시고, 몇 주가 지나면 다음 문제로 넘어가게 하시는 것 같다.

이 말은 격려하는 일과 더불어 하나님이 자녀의 인생에서 현재 무슨 일을 하시는지 발견하려는 노력을 발맞추어 해나가야 한다는 뜻이다. 하나님은 모든 사람의 인생에서(마 5:45, 눅 6:35, 롬 1:19), 특별히 자기 백성의 인생에서(빌 1:4-6) 적극적으로 일하고 계신다고 말씀하신다. 하지만 때로 우리는 그분과 다르게 말하고 행동한다. 우리의 이런 행동은 하나님이 거짓말하신다고 정죄하는 셈이다. 눈을 크게 뜨고 잘 찾아보라. 어느 부분에서 하나님이 우리 자녀의 양심을 부드럽게 해주심을 보는가? 또 어느 부분에서 자녀가 죄를 자각하게 하심을 보는가? 오래된 습관들을 성결하게 고쳐주시고 믿음이 자라게 하심은 어느 부분에서 발견하는가? 우리 자녀가 이웃에게 손을 내밀고 남을 돕는 법을 배우며 성숙해나가도록 하심을 어디에서 보는가?

다시 말해 과정이 결국 결과로 나타나기 때문에 성숙의 과정이 결과 못지않게 중요하다는 것이다. 그러므로 하나님의 방식을 따라 자녀를 대하고 싶다면 현재 아이들이 노력하고 있는 한두 가지에 집중해야 한다.

어느 금요일 저녁 아내와 나는 디너파티에 참석했다. 나는 혼자 있기를 좋아하는 편이라서 이런 모임이 고역일 때가 있다. 사람들을 사랑하기는 하지만 내향적이기 때문에 사람들과 어울리는 방식으로는 활력을 얻지 못한다. 혼자만의 시간을 보내야 재충전할 수 있다는 말이다. 나는 집무실에서 전화기를 자동 응답 상태로 해놓고 비서에게 문을 지키게 한 뒤 혼자 일하기를 좋아한다. 그렇게 하면 몇 시간이라도 행복하게 일할 수 있다.

그래서 사람들이 나를 불러낼 때면, 대체로 집에 있는 편을 좋아하는 나로서는 불편한 내색을 비치지 않으려고 안간힘을 쓰곤 한다. 그렇다면 나는 왜 그런 요청에 응하는가? 사람들과 교제할 때 활기를 얻는 외향적인 아내 때문이고, 우리와 교제함으로 친구들이 행복해하기 때문이며, 인간이 독처하는 것이 좋지 않다는 하나님의 평가(창 2:18)를 내심 인정하고 받아들이기 때문이다.

그런 이유로 아내와 함께 디너파티에 참석하고 집으로 돌아오던 길에 그녀는 차 안에 비스듬히 앉아 이렇게 말했다. "오늘 당신 참 잘했어요. 사람들과 대화하며 즐기면서 무뚝뚝하게 굴지 않았잖아요. 거기 있던 사람들 중에 당신이 이런 모임을 얼마나 힘들어하는지 알아차린 사람은 아무도 없을 거예요."

그것은 특별한 경험이었다. 전혀 예기치 않게 아내의 말이 내 세계로 들어왔다. 아내의 말은 그녀가 나를 이해하고, 내가 인생을 어떻게 경험하는지 세심하게 관심을 가지고 있으며, 늘 나를 지켜보고 있다고 알려주었다. 아내는 내가 무슨 일로 속을 끓이는지 알고 그 일이 쉽지 않음을 알아주며 말로 그런 관심을 표현해서 내가 지치거나 포기하지 않도록 이끌어준다. 내게 이런 아내의 배려와 관심이 필요한데 우리 아이들은 얼마나 더 그러하겠는가?

자녀가 현재 하는 행동의 동기에 집중하라

그러나 상대방이 어떤 점을 바꾸려고 노력 중인지 모르겠다면 어떻게 해야 하는가? 그냥 그 사람에게 물어보면 제일 쉽고 간단하다. 직접 물어보면 상대의 자존심이 상할 수 있지만, 나는 해야 할 일을 하지 않는 아이들 때문에 좌절감을 느낄 때 직접 찾아간다. 그리고 지금 무슨 일에 집중하고 있는지 모르겠으니 알려달라고 했던 적이 수없이 많다.

이때 한 가지 조심해야 할 점이 있다. 아이들에게 이렇게 물어볼 때 신중해야 한다는 것이다. 자녀에 대한 실망과 짜증스러움이 질문에 그대로 묻어나 마치 아이들을 비난하는 것처럼 들릴 수 있기 때문이다. 이를 테면 이런 식의 말이다. "뭐라도 노력하는 게 있기는 하니?" 그러나 진지하게 물어보면 아이들은 내가 그들로 인해 느끼는 부정적 감정보다는 그들의 인생에 더 관심이 있음을 깨닫고 더 친근감을 느끼며 마음을 연다.

그런데 아이들이 적극적으로 응하지 않고 소극적이고 방어적으로 반응하며 질문에 대답하지 못한다면 어떻게 해야 하는가? 주도적이고 솔직하게 반응하기보다 겁을 먹고 위축되어서 변화와 목표라는 긍정적 측면에서 생각하지 않는다면 어떻게 해야 하는가? 그럴 때도 아이들이 자라도록 격려할 방법은 있다. 그들의 두려움과 연약함에 귀 기울여주고 부정적인 자세를 떨쳐내도록 소심하게라도 발걸음을 옮길 순간들을 찾아보는 것이다. 이때도 우리는 잊지 말아야 한다. 우리가 완전한 성숙을 추구하는 것이 아니라 성장하는 과정에 있는 그들을 격려하고자 한다는 사실을 말이다.

하지만 이런 생각이 들 수도 있다. '저 아이들을 보면 힘을 다해 응원해주고 싶은 마음이 조금도 들지 않아. 하는 행동마다 고쳐야 할 문제들이 하나씩은 꼭 보인단 말이야.' 물론 이 말은 나에게도 해당된다. 하지만 내 행동의 이면을 들여다보면 최소한 올바른 방향으로 나아가고자 하는 동기를 발견하기도 한다. 자녀에 대해서도 이렇게 접근해보라. 아이들이 한 행동이 아니라 그 행동을 하는 이유를 알아보고, 최소한 옳고 바른 일을 하려는 마음이 있는지 확인하라.

캐시가 여섯 살 무렵 함께 쇼핑하러 간 적이 있다. 쇼핑을 마치고 집으로 돌아왔는데 아이가 앞서 층계를 올라 집으로 들어가더니 내가 집 안으로 종이백 몇 개를 옮기려고 하는 찰나 내 면전에서 문을 쾅 하고 닫았다. 나는 상대방을 배려하지 않는 딸의 행동에 화가 나서 야단치고 싶었지만, 그날 일찍부터 가족과 대화하는 법을 계속 고민하고 있던 터였다. 그래서 되도록 화가 났다는 사실을 내색하지 않으려고 애쓰면서 이렇게 물어보았다. "얘야, 왜 그렇게 행동하는지 아빠가 이해하도록 해주겠니?"

캐시는 "대니(당시 온 집 안을 기어 다니던 아기 남동생)가 기어 다니다가 계단으로 굴러 떨어질까 봐요"라고 대답했다.

이때 자칫 섣불리 반응했다면 서로 기분이 상했을 것이다. 이 일은 아이의 이해할 수 없는 행동 이면에 흔쾌히 지지해줄 수 있는 선한 의도가 숨어 있는 한 가지 사례다. 그러나 아이가 하는 행동의 이면을 보지 못하고 왜 그렇게 행동하는지 물어보지 않았다면 딸의 갸륵한 마음씨를 확인할 기회를 놓쳤을 것이다. 행동이면의 동기를 찾아보는 데 서투르다 해도 안심하라. 노력하면 얼마든지 배울 수 있다.

자녀들도 배울 수 있다.

어느 날 저녁 샐리는 오븐에 구운 치킨과 함께 내놓을 그레이비소스를 만들고 있었다. 그런데 갑자기 막내아들이 "맛없어 보여요"라고 시키지도 않은 음식 품평을 했다.

샐리가 미처 반응을 보일 새도 없이 초등학교에 다니는 둘째 팀이 끼어들어 대니에게 이렇게 말했다. "넌 '저는 좋아하지 않지만 저녁을 만들어주셔서 감사해요'라고 말하는 법을 배워야겠어. 너를 위해 저녁을 만들어주시는 엄마에게 감사하는 법을 배워야 하지 않겠니?"

대니는 멈칫 입을 닫더니 이런 새로운 시각이 이해가 되는 듯 곰곰이 생각한 후 큰 소리로 말했다. "그 소스는 맛없어 보이지만 그냥 먹을게요."

나는 '멋지네. 두 아이 다 정말 진지하게 노력하고 있으니까 격려를 해주어야겠다'고 생각하고 이렇게 말했다. "대니, 엄마가 만들어준 음식에 고마운 마음을 가지려는 자세가 기특하구나. 티미, 동생을 도와주려고 애쓰는 의젓한 모습이 예쁘구나. 고맙다. 너희 둘 다 정말 잘했어."

티미는 동생이 나이에 걸맞게 감사하는 법을 가르쳐주고 있었다. 대니는 어머니에게 감사하는 마음을 가지려고 나름 열심히 애쓰고 있었다. 내가 원하는 식으로 말하지는 않았지만, 두 아이 모두 나름 열심히 노력했고 나는 그들의 그런 마음을 인정해줄 수 있었다.

우리는 성장으로 나아가는 아이들의 걸음을 인정해주어야 한다. 더 나아가 그 과정에 있는 아이들을 격려해줄 수 있고 또 마땅히 그렇게 해야 한다. 목표에만 집착하면 거기에 이르는 과정을 무시하기 쉽다. 수많은 단계와 걸음으로 이루어지는 과정에 주목하는 법을 배운다면 격려해줄 일들이 바로 눈에 들어올 것이다.

23장

격려하다가
지치면
격려를 받으라

격려는 꼭 필요한 일이다. 하지만 때로 너무나 버겁고 무거운 의무처럼 느껴지기도 한다. 최소한 산드라는 그렇게 생각했다. 예전부터 그런 생각을 품어왔다. 몇 주 내내 코리에게 배변 훈련을 시켰지만 결과적으로 나아진 바가 전혀 없었다. 할 수 있는 수단을 다 동원했다. 초콜렛을 주겠다고 달래보기도 하고, 시원한 배변 팬츠를 입혀서 배변에 성공할 때마다 스티커로 표시해보기도 하며, 배변 댄스도 가르쳐보았다. 어린이용 변기와 나란히 책을 놓아보기도 했다. 심지어 성공하면 특별 선물을 주기도 했다. 하지만 아무 효과가 없었다.

어느 날 하필이면 쇼핑몰에 있을 때 코리가 "화장실에 가고 싶어요"라고 말했다. 하지만 이때쯤 산드라는 거의 포기 상태에 있었다. 코리를 빤히 보다가 "기저귀 차고 있잖아. 그냥 기저귀에 해"라고 말했다. '공중 화장실로 데려갔는데 결국 화장실에서 용무를 보지 않는 모습을 보고 싶지 않다'고 생각한 것이다.

우리 이야기처럼 들리지 않는가? 누구나 이와 같은 경험이 있을 것이다. 자녀가 배변 훈련으로 인내심의 한계를 시험하지는 않았더라도 다른 무언가로 그와 비슷한 경험은 누구나 해보았을 것이다. 당면한 과제를 해결하도록 아이들을 격려하고 재촉하며 반복해서 노력했지만 아이들이 거부하거나 심지어 엉뚱한 데 관심을 가지는 경우를 수없이 겪었을 것이다. 동네 친구들과 어울리려 하지 않거나, 숙제를 하지 않고 컴퓨터 게임부터 하거나, 잠자리를 정리하지 않거나, 방을 치우지 않거나, 식사를 하다 말거나, 나쁜 욕을 하거나, 핸드폰만 보고 다른 일은 관심이 없는 경우도 있었을 것이다.

그러다가 어느 날 아이들이 간만에 기대대로 행동하는 순간이 온다. 잠시나마 소소하게 올바른 방향으로 변화하려는 모습을 보인다. 그럴 때 신나게 응원하고 격려해야 한다는 사실은 알지만 이제 그럴 마음이 들지 않는다. 그렇게 하고 싶은 의욕도 생기지 않는다. 이미 기진맥진해서 아이들의 기특한 모습을 보며 즐거워하고 응원해주고 싶은 마음이 생기지 않는다. 아이들이 그런 반응을 보이는 것이 쉽지 않았으리라는 것을 안다. 심지어 말로 표현해줄 수도 있지만 그럴 의지가 생기지 않는다. 그동안 아이들이 보인 태도에 너무나 화가 나서 흔쾌히 격려하고 싶지가 않다. 오히려 그만 두고 싶은 마음이 굴뚝같다.

이런 경험을 해본 적이 있지 않은가? 좀 더 일찍 노력하는 모습을 보여주었다면 기분 좋게 반응했겠지만 이제는 너무 늦었다고 생각하는 것이다. 나는 이런 경험을 한 적이 있다.

관계에서 흔히 경험할 수 있는 엇박자다. 어떤 사람이 다른 사람과 소통하려고 한동안 열심히 애를 쓴다. 그러나 얼마 후 그렇게 쏟아부은 시간과 노력에 비해 미미한 호응을 보이면 피로감을 느끼기 시작한다. 상대방의 문제로 부정적 영향을 받는다는 사실에 지치고 '무얼 위해 이렇게까지 하지? 아무 소용도 없잖아'라는 생각이 들며 회의적인 마음이 생긴다. 그래서 결국 포기한다. 문제는 이때 반대로 상대방이 긍정적인 반응을 보이기 시작한다는 것이다.

이런 순간에는 인내와 오래 참음이 필요하다. 이는 하나님 백성을 상징하는 두 덕목이다(참고. 고후 6:4, 12:12, 딤후 3:10-11, 계 2:2-3). 자녀를 격려함으로 그들의 삶에 계속 투자하기 위해서는 이 두 덕목이 꼭 필요하다.

그러나 이런 덕목이 얼마나 중요한지 알고 있어도 아이들에게 지쳐서 기진하게 되면 인내하거나 오래 참고 싶은 마음이 사라진다. 격려해주고 싶은 의욕도 사라져버린다.

그런 순간에는 "힘을 내요. 다시 기운을 내서 한 번 더 시도해

봐요"라고 말하는 사람은 별로 도움이 되지 않는다. 그런 말로는 다시 시도하고 싶은 마음이 생기기 어렵다. 낙관적으로 미래를 보라고 독려하는 진부한 말도 도움이 되지 않는다. "지금 포기하지 마요. 혹시 모르잖아요? 삼세번의 행운이 있잖아요!" 그리고 잠시 쉬어가라고 부추기는 사람은 더욱 필요하지 않다. "괜찮아요. 잠시 쉬는 것도 좋아요. 나중에 다시 하고 싶은 마음이 생길 거예요."

거의 자포자기 상태에 이르거나 이미 포기하게 되었을 때, 내 세계로 들어와 무엇을 해야 할지 알려주고 듣기 좋은 말을 들려줄 사람은 필요하지 않다.

- 그럴 때는 다른 사람에게 행하기 싫은 일을 옆에서 함께 해줄 누군가가 필요하다.
- 내 인생의 통제 센터에서 다른 사람들을 참고 견디고 싶은 마음이 생기도록 조정해줄 수 있는 누군가가 필요하다.

다시 말해 로마서 15장 5절의 하나님, 즉 오래 참으시는 가운데 우리를 격려해주시는 하나님이 필요하다. 이런 두 덕목의 원천이 우리가 아니라 하나님이라는 사실을 들으면 놀랍지 않은가? 하나님은 우리가 이전에 누려본 적 없는 것을 하라고 결코 요구하지 않으신다는 사실을 꼭 기억하라. 우리가 오래 참고 견디기 위해서는 오래 참음의 대상이 되어보아야 한다. 격려하기 위해서는 격려 받는 것이 무엇인지 경험해보아야 한다. 하나님은 우리를 오래 참으시고 격려해주심으로 우리도 동일하게 다른 사람들을 오래 참고 격려할 수 있게 해주신다.

이 말은 나의 궁핍한 상태를 인정해야 하며 내가 격려를 받아야 하는 존재임을 인정해야 한다는 뜻이다. 하나님이 나를 격려하시고 나의 필요를 채워주기를 원하시는 분임을 믿어야 한다. 그래서 나는 그분의 말씀에 귀를 기울인다. 나를 향한 소망을 포기하지 않았다고 말씀하시고(사 40:28-31, 빌 1:6), 이 나그네 인생이 얼마나 고달픈지 진심으로 아시며(히 2:17-18, 4:15), 모든 것에 결핍이 없이 순전하고 온전해질 때까지 내 안에서 끝까지 일하신다는 말씀(히 12:2, 약 1:2-4, 벧전 2:2)을 온 힘을 다해 경청한다. 포기하고 싶은 마음이 내 안에 자리 잡았을 때 나는 하나님이 직접 주시는 격려가 필요하다.

또 나는 나를 오래 참아주시는 하나님이 필요하다. 수십 년 넘게 하나님의 자비와 인자하심을 누려왔지만, 일방적으로 받은 자비와 사랑을 힘겨운 인생의 길 위에 서 있는 다른 이웃에게 베풀지 못하는 내 모습을 당혹스럽지만 인정할 수밖에 없다. 그럴 때도 하나님은 나를 포기하지 않으시고 함께해주신다. 나를 오래 참아 주신다. 이런 하나님이 그분처럼 기꺼이 오래 참을 수 있는 마음을 내게 주신다면, 인생 길에서 나를 힘들게 하는 사람을 만날 때 너그러운 마음으로 넉넉하게 오래 참을 수 있을 것이다.

하나님은 바로 이런 일을 해주신다. 우리가 오래 참게 해주신다(롬 15:5). 그분의 뜻을 아는 지식으로 채워주셔서 "기쁨으로 모든 견딤과 오래 참음"에 이르게 해주신다(골 1:11). 자녀와 관련된 문제를 해결하기를 포기하고 싶다는 마음이 생길 때 그 유혹을 피할 길을 주셔서 오래 참으며 기꺼이 다시 시도할 수 있게 해주신다(고전 10:13). 우리 안에 역사하시는 하나님의 도우심 없이는 그분과 같이 오래 참는 힘을 기를 수 없다.

종교성과 번뜩이는 아이디어만으로는 절대 이런 힘을 얻을 수 없다. 우리를 변화시킬 능력이나 생명을 얻을 수 없다. 기껏해야 방향을 제시받을 수 있을 뿐이다. 우리를 만드신 하나님과 적극적이고 현재적인 관계를 누리지 못한다면, 자녀들과 경건한 관계를 가꾸어갈 수 있다는 소망을 누릴 수 없다.

이런 일이 어떻게 일어나는지는 너무나 분명하다. 다 포기하고 자리를 박차고 나가고 싶을 때 하나님께 나아가 그 문제를 아뢰라. 하나님이 소명하여 부르신 일을 감당할 마음이 없다고 고백하고, 자녀 못지않게 우리 역시 완악하고 완고한 상태임을 인정하라. 우리를 용서하심으로 우리를 오래 참아달라고 요청하라. 우리를 체념하거나 외면하지 않으시는 하나님을 알게 해주심으로 용기를 달라고 구하라. 그리고 동일하게 오래 참고 격려하는 마음을 우리 안에 부어주셔서 하나님처럼 다시 자녀들을 받아들이고 관계를 회복하게 해달라고 기도하라.

　우리는 격려의 말을 들어야 한다. 하나님은 늘 우리 곁을 지키시고 좌절하여 포기하지 않도록 언제라도 기꺼이 말씀하시는 분이다. 우리 주변 사람들도 하나님이 오래 참으시며 격려해주시는 것을 동일하게 경험해야 한다. 자기 백성을 새롭게 해주시는 일에 결코 지치지 않으시는 하나님이 우리를 회복시켜주셔서 상대에게 다시 손을 내밀고 오래 참으며 격려할 때, 그들 역시 동일한 경험을 하고 싶은 마음을 키워갈 것이다.

자녀가 성장하는 순간들은 매일 찾아온다.
자녀가 스스로 어려운 일을 시도하는 순간들을
매일 볼 수 있다.
그런 순간들을 포착하면
놓치지 말고 꼭 칭찬해주라.
그래야 자녀는 무슨 일이 있어도
부모가 자기편이 되어주리라 믿을 것이다.

4부

정직의 기술

용기를 내서
사람들을 강건하게 세우는
말을 하기

24장
정직해야 하는 이유: 다른 사람을 구조하기 위해

우리 중에는 전문가 수준으로 자녀를 격려할 수 있도록 훈련이 필요한 사람이 있다. 반면 자녀가 말썽을 부릴 때 솔직하게 터놓고 문제를 지적하는 법을 배워야 하는 사람도 있다. 지금부터는 성경에서 '훈계하다, 징계하다, 책망하다'와 같은 단어로 표현된 소통 방법을 살펴볼 것이다.

사실 많은 사람이 이 주제를 다루기 어려워한다. 과감하고 솔직하게 누군가의 잘못을 지적하는 데 익숙하지 않은 사람이라면 이런 단어들을 들을 때 예민해지거나 심지어 부정적인 신체 반응이 나타날 수도 있다. 누군가의 세계에 개입해서 그 사람의 생각이나 행동을 지적하고 도전하는 일은 생각만 해도 어렵다.

하지만 이런 단어들이 소극적이고 내성적인 사람에게만 어렵고

난처하게 들리는 것은 아니다. 내가 기억하기로 대화하기를 즐기는 사람이라도 솔직하게 대놓고 자신의 문제점을 지적해달라고 애절하게 바라는 이는 한 명도 없었다. 심지어 자기 생각을 거침없이 드러내는 사람도 마찬가지다.

말하는 사람이나 듣는 사람이 용감하게 진실을 말하고 듣는 일에 그토록 부정적인 반응을 보이는 이유는 무엇인가? 그런 경험을 해본 적이 거의 없기 때문일 수 있다. 아니면 정반대의 경우를 너무 많이 경험해서일 수도 있다. 상대방이 우리를 진심으로 돕고 싶어서가 아니라 다른 사람의 이익을 위해 지적하거나 꾸짖은 경우가 많았기 때문이라는 말이다. 예를 들면 다음과 같다.

- 상대가 무언가에 진저리가 나서 일방적으로 화풀이했을 때.
- 두 번 다시 경험하고 싶지 않은 불쾌한 일을 겪게 했을 때.
- 소리 지르고 윽박질러 위협하고, 더 이상 가까이 다가가지 못할 정도로 매몰차게 대했을 때.
- 자존감이 완전히 무너질 정도로 차갑게 비하하는 말을 했을 때.

이런 경우에는 상대방이 우리를 배려한다거나 돕고 싶어 한다는 기미를 전혀 느낄 수 없다. 과거에 이런 상황을 자주 겪은 사람은 누군가의 따끔한 훈계나 지적을 긍정적으로 받아들이기가 쉽지 않다.

지금 들려줄 이야기가 도움이 될 것 같다. 먼저 약간의 배경 설명이 필요하다. 우리 가족끼리 사용하는 암호가 있다. 누군가를 '으스대는 소'라고 부르거나 느닷없이 소 울음소리를 내면, 경계를 침범해 상대방을 좌지우지하려 한다고 넌지시 경계 신호를 보내는 것이다.

어느 날 아침, 나는 네 살 된 딸과 소파에 앉아 있었다. 우리 가족이 사촌들을 방문하고 온 지 얼마 안 된 터라 사촌들과 함께 놀았던 이야기를 나누게 되었다. 딸은 사촌 중의 한 명을 으스대는 소라고 불렀다. 우리 가정에서 가족을 가장 사랑하고 우리 인생에 대해 제일 멋진 계획을 세우는 사람은 단연코 캐시였으므로 딸의 말을 흥미롭게 듣기 시작했다.

이것이 말로만 듣던 '가르칠 최적의 순간'이기를 바라며 나는 아주 부드럽게 물었다. "그래, 맞아. 그런데 네게서는 그런 모습을 본 적이 없니?"

이 질문에 아이는 재빨리 "없어요"라고 대답했다.

내 기질을 버리지 못하고 나는 끈덕지게 다시 물었다. "진짜 조금도 없어?"

나의 딸인지라 캐시 역시 질세라 "없어요. 진짜 조금도요"라고 대답했다.

나는 가르칠 적기가 이렇게 사라지는가 싶어 적잖이 실망했다.

물론 딸과 내가 주권자이신 하나님의 우주에서 살고 있다는 사실은 변함이 없었다. 그런데 바로 그 순간 두 살 된 아들이 카트를 밀며 방으로 들어왔다. 캐시는 1초의 망설임도 없이 원래 카트가 있어야 할 자리를 가리키며 "티미, 저쪽에 도로 가져다 놔"라고 소리쳤다.

나는 소파에서 벌떡 일어나 머리 위쪽으로 두 팔을 크게 벌리고 큰 소리로 외쳤다. "우와! 너 보았니? 몸집이 이렇게 커다란 소 한 마리가 방금 방으로 쏜살같이 들어왔어! 두께가 30센티미터나 되는 뿔이 여덟 개나 달려서 천장까지 닿았지. 정말 놀라운데!" 나는 과장해서 큰 소리로 계속 말했다. 딸은 눈을 휘둥그레 뜨더니 소파에 앉은 그대로 웃음을 터뜨렸다. 실제로 우리는 함께 웃었고 이어서 딸이 무슨 행동을 한 것인지 대화를 나누기 시작했다.

나의 이런 반응은 딸의 잘못을 지적한 것이었는가?

물론이다. 나는 변화가 필요한 부분을 지적하고 있었다. 하지만 상대방이 놀라거나 겁을 먹지는 않았다. 딸은 물리적으로나 정서적으로 나를 피해 달아나지 않았다. 오히려 나와 소통했다. 나는 마음이 후련해졌고 딸은 핵심을 이해했다. 우리가 모두 경험했던 끔찍한 시나리오와 이 예화의 차이는 어디서 생긴 것인가? 딸은 나의 과장된 감정과 행동이 나를 위해서가 아니라 자신을 위해서라는 것을 알았다.

아니면 몇 년 후 일어난 또 다른 일을 들여다보자. 의도는 지극히 좋았지만 가까운 친구들과 친척들이 아무 생각 없이 행동해서 우리 가정의 평화가 깨져버린 적이 있었다. 그들이 딸에게 바비 인형을 선물로 준 것이다.

딸은 실제로 바비 인형을 가지고 노는 경우는 그리 많지 않았다. 하지만 그 인형을 자주 생각하고 상상하면서 몇 시간이나 허비하곤 했다. 반짝이는 작은 액세서리, 깜찍한 구두, 종류가 다양한 드레스에 매료되었다. 마음대로 옷을 갈아입히거나 액세서리를 바꾸어 달고 구두도 옷에 맞게 갈아입는 상상을 하며 허구의 바비 세상을 꿈꾸었고 실제 세계보다 그 세상이 더 중요한 듯 보였다. 십 대 소년이 비디오 게임에 몰두하는 것과 거의 다르지 않았다. 딸은 그렇게 아득한 상상의 나라로 빠져들었고, 마치 다른 가족이 존재하지 않는 듯 행동했다.

일이 일어난 그날도 딸은 바비 인형으로 상상의 나래를 펼치고 있었다. 딸은 장난감 카탈로그를 계속 뒤적이면서 최신 스타일과 액세서리들을 보며 열을 올렸고 점점 바비 인형에 푹 빠져버렸다.

나는 딸과 이 문제를 두고 꼭 대화해야겠다고 생각했고, 그 전날 밤 어떻게 이야기를 꺼내야 할지 고민했다. 다음 날 아침 출근 전에 딸을 옆에 앉힌 후 그동안 딸의 행동을 보고 느낀 점과 그 행동이 딸과 우리에게 미치는 영향을 이야기했다. 그러다가 다소 망설이다가 이렇게 말했다. "으음, 요새 또 바비 인형에 완전히 빠진 것 같구나. 그렇지?"

딸은 고개를 푹 숙인 채 고개를 끄덕였다. 그리고 이렇게 말했다. "네… 그런데 아빠도 공구에 푹 빠져 계시잖아요." 갑자기 딸에게 정곡을 찔리자 우리 둘은 약속이라도 한 듯 갑자기 웃음을 터뜨렸다.

딸이 바비 인형에 중독된 것처럼 나는 공구에 너무나 쉽게 마음과 시간을 빼앗긴다. 틈만 나면 주택 수리 용품점에 들러 정신없이 전동 공구를 둘러보곤 한다. 15암페어 원형 톱을 사서 할 수 있는 온갖 작업을 상상하면서 꼭 사야 한다고 스스로 주문을 걸기 시작한다. 집에 있는 13암페어 원형 톱은 원하는 작업을 다할 수 있을 만큼 성능이 좋지 않다. 더구나 '노란색 연장'도 종류별로 다 갖추지 못했다. 꼭 사야 할 연장이 하나 더 있다. 누구나 인정하듯이 '노란색 연장'은 매우 유용하기 때문이다. 휴, 그렇다. 캐시 말이 맞았다. 나는 연장에 너무 집착한다.

우리는 그 상태로 좀 더 웃었다. 그런 다음 나는 하나님이 딸의 인생과 과거 나의 인생에서 어떻게 일해오셨는지 말해주었다. 우리는 하나님보다 그분의 피조물을 더 사랑하지 않게 해달라고 서로를 위해 기도했다. 서로 도와야 한다는 사실이 어떻게 십자가 아래서 한마음으로 만들어주는지 함께 확인한 시간이었다.

다시 말해, 잘못을 지적할 때 상대에게 상처 주지 않고 마음을 모으는 방법이 있다. 하나님이 솔직하게 잘못을 지적하실 때 사용하시는 방법과 비슷하다. 일반적으로 하나님이 인간을 책망하시는 장면을 생각하면 두려움이 일어날 수 있다. 우리를 개인적으로 대면하신다고 생각하면 정말 무섭다. 그러나 하나님이 지적하시는 내용보다 그렇게 하시는 이유를 생각해야 한다. 하나님이 우리를 직접 마주하실 때 무엇을 바라시는가?

우리가 귀 기울여 듣고 그분이 지적하신 바를 받아들이기를 바라신다. 잘못된 방향으로 계속 가지 않고 그 방향에서 돌이키기를 원하신다. 하나님은 왜 우리가 이렇게 하기를 바라시는가? 더 나은 인생을 살게 하기 위해서다. 자기 자신을 해치지 않고 하나님과 다른 사람들에게 더 가까이 다가가기를 원하시기 때문이다.

하나님은 관계를 깨뜨리시기 위해 잘못을 지적하시는 것이 아니다. 관계를 회복하시기 위해 솔직하게 지적하시는 것이다. 이런 점에서 우리의 일반적인 생각과 차이가 난다. 우리는 잘못을 지적하거나 책망을 주고받으면 친밀했던 사이가 서먹해지고 멀어질 것이라고 생각한다. 누군가와 관계가 소원해지기를 원하지 않기 때문에, 멈춰 서서 꼭 해야 할 말이 있어도 하지 않는다.

하나님은 이런 우리와 바라보시는 관점이 다르다. 그분은 이미 관계가 벌어져 있음을 알고 계신다. 이미 소원해져 있는 상태다. 그러므로 하나님은 우리가 다시 그분과 하나 되게 회복하시려는 목적으로 우리를 대면하신다. 그분의 목표는 우리가 그분의 말씀을 듣고 스스로나 다른 사람을 해치지 않고 그분의 영광을 훼손시키지 않게 하는 것이다. 이 모든 것은 동시에 긍정적으로 작용한다.

하나님이 우리 인생에 개입하시듯이 우리가 누군가의 인생에 솔직하게 맞부딪혀 개입하는 것은 그가 인생을 망치지 않도록 노력하는 것이다. 이는 야고보가 서신을 마무리하며 한 말과 같다. "내 형제들아 너희 중에 미혹되어 진리를 떠난 자를 누가 돌아서게 하면 너희가 알 것은 죄인을 미혹된 길에서 돌아서게 하는 자가 그의 영혼을 사망에서 구원할 것이며 허다한 죄를 덮을 것임이라"(약 5:19-20).

솔직하게 잘못을 지적하는 것, 곧 상대가 회복하도록 말로 충고하는 것은 근본적으로 구조 임무다. 위험에 빠진 사람을 보고 쫓아가 그 사람이 스스로를 망치고 해치지 않도록 하는 일이다. 이런 과정에서 누가 가장 큰 유익을 얻겠는가? 잘못을 지적하는 사람이 아니다. 잘못을 지적당하는 사람이다. 이렇게 상대방의 유익을 위해 행동하라. 그러다 보면 다른 사람에게 '그렇게 하다가 결국 스스로 상처 입을 수 있으니, 당신을 더 나은 삶으로 인도할 수 있도록 제발 내 말을 들어달라'는 메시지가 진심으로 전달될 수 있는 방법을 발견하게 될 것이다.

25장

말하기 전에 생각하라

직접 잘못을 지적하고 충고하는 이유는 상대에게 유익을 주고 회복하도록 이끌기 위함이다. 세속 사회의 지적과 훈계에 귀를 기울인다면 절대 이런 사실을 배울 수 없다. 오히려 그런 지적은 일종의 공격이다. 어떤 수단을 동원해서라도 상대방의 주장을 무너뜨리는 데 목표를 두고 언어로 공격한다. 이 목표가 제대로 이루어지지 않으면, 상대방의 신념이 깨지기를 바라면서 그의 위신을 떨어뜨리려 한다.

뇌리에 박히는 강렬한 표현, 신랄한 독설, 비열하고 은근한 빈정거림, 비하, 속사포처럼 쏘아대는 말. 이런 것들은 상대방을 공격할 때 아주 강력한 무기로 사용할 수 있다. 더 빠르고 날카롭고 거칠수록 더 좋다. 현란한 말재주와 장황한 표현은 조용조용하면서도 신중하고 논리적으로 말하는 것보다 훨씬 효과가 크다.

이런 언어 습관은 최소한 우리가 지혜에 귀 기울이기 시작할 때까지 계속된다. 지혜는 인생에 꼭 필요하다. 지혜가 있으면 번성할 것이고, 지혜가 없으면 쇠락할 것이다. 지혜는 우리의 말을 비롯한 태도와 생각이 세계를 세우시고 조직하신 하나님의 방식에 부합하게 해준다. 하나님의 뜻에 따라 행하면 인생을 형통하게 살아갈 수 있다. 하나님의 세계에서 그분의 길에 역행하는 방향으로 살아가면 우리는 자신이나 주변 모든 사람에게 끝없는 좌절과 고통을 안겨줄 것이다.

한 사람이 소통하는 방식을 살펴보면 그의 지혜가 어느 수준인지 파악할 수 있다. 지혜는 실제적인 내용을 담고 있는 동시에 그 자체의 형식과 방식이 있다. 즉, 들으면 그것을 인지할 수 있다는 말이다.

잠언은 두 종류의 사람을 소개한다. 지혜로운 사람과 어리석은 사람이다. 이 두 부류를 구분할 수 있도록 어리석은 사람과 지혜로운 사람의 특징이 묘사된다.

말하는 것을 보면 그 사람이 지혜로운지 아닌지 판단할 수 있다. 지혜로운 사람은 신중하게 말한다(잠 15:28). 말을 자제한다(잠 12:23). 생각하며 말한다(잠 16:23). 자신의 말이 어떤 영향을 미칠지 신중히 따져보고 사려 깊게 행동한다(잠 16:21).

다시 말해서 그들은 성찰하고 고민하는 데 시간을 투자한다(잠

14:8). 대화할 때 상대방의 말에 반응하지만 반박하기 전에 시간을 들여 적극적으로 숙고한다. 머리에 떠오르는 대로 다 떠벌리지 않고, 말하고 싶다고 다 말하지 않는다(잠 10:19). 결과적으로 그들은 듣고 있는 상대를 돕고 그가 치유를 경험하도록 유익한 말을 한다(잠 10:11, 21, 12:18, 16:21).

반면 어리석은 사람은 떠벌리기를 좋아한다. 즉각적이고 충동적이며 야단스럽다. 아무 생각 없이 내뱉고 함부로 말하며 일방적이다(잠 12:18, 23, 15:2, 29:20). 자신이 무슨 말을 하는지 그 말이 어떤 파장을 미칠지 전혀 고민하지 않고 바로바로 반응한다.

미련한 자들이 다른 사람들에게 피해를 입히는 것은 전혀 새삼스럽지 않다. 말싸움의 목적이 바로 상대방에게 타격을 입히기 위한 경우도 적지 않다(잠 12:18). 놀라운 것은 그들의 말이 그 자신에게 되돌아가 훨씬 더 큰 피해를 입힌다는 사실이다(잠 10:11, 14, 18:6). 상대를 말로 제압하면 처음에는 권력의 추가 옮겨진 것처럼 보이지만, 결국 역효과를 일으켜 훨씬 심각한 어려움에 얽혀 들어간다(잠 18:7).

미련한 자의 언어 습관에 대한 잠언의 판단과 해석을 선뜻 받아들이려 하지 않는 사람도 있다. 특별히 빠르고 신속한 반응과 상대방을 몰아세우는 공격적 표현이 최고라고 훈련받았다면 더욱 그럴 것이다. 현대 사회에서는 생각하느라 뜸을 들이는 사람은 둔하다고 여겨지고, 이미 싸움에서 지고 있는 것처럼 보인다.

하지만 잠언은 여기에 동의하지 않는다. 천국에서는 아무 생각 없이 즉흥적으로 말을 쏟아내는 사람을 어리석은 사람이라고 주장한다. 지혜롭게 행하고 말하려면 시간이 걸린다. 화가 나거나 기분이 상할 때 혹은 누군가에게 책망이나 지적을 받을 때 이 사실을 기억해야 한다. 즉각적이고 본능적으로 내놓는 반응은 최선의 답이 아니다. 나의 본능적인 반응도 주로 그런 편이다.

어느 날 저녁, 식사를 마친 후 팀과 나는 올림픽 아이스 댄싱 경기를 보고 있었다. 한 팀이 '보통'(average) 점수를 받자 아들은 "저 팀은 더 높은 점수를 받아야 할 것 같은데요"라고 말했다. 나는 괜히 심술이 나서 바로 이렇게 응수했다. "어떻게 그런 말을 하니? 나는 점수를 산정하는 방법을 모르겠어. 그 점수가 어떤 의미이고, 난이도는 어떤 요소를 고려하는지, 심지어 어떤 기준으로 평가해야 하는지도 모르겠는데 말이야."

팀도 아이스 댄싱 경기에 사전 지식이 없었다. 아들은 축구 선수이자 장애물 경기 선수이고 육상 선수이며 레슬링 선수였다. 이런 경기들에 관한 한 그의 말을 신뢰할 수 있다. 하지만 아이스 댄싱은? 기껏해야 어쩌다 보는 경기이고, 4년마다 겨우 한두 시간 볼까 말까 하는 경기였다. 객관적으로는 나의 말이 틀리지 않았다. 팀은 그렇게 말할 근거가 전혀 없었다. 하지만 사실 어리석은 사람은 나였다.

신중하지 못했다. 생각하고 고민하지 않았다. 머리에 떠오르는 대로 본능에 따라 곧바로 말했다. 무엇보다 최악은 그렇게 말했을 때 아들이 어떤 영향을 받을지 생각하지 않았다는 것이다. 아들은 내 말에 입을 다물었고 결국 나를 외면했다. 그의 말에 빈정거림으로 반응해서 우리 관계가 서먹하게 되었다. 당연히 팀은 나와 함께 있던 공간에서 나갔다.

그럴 때는 생각하는 데 시간을 써야 한다. 그 자리에 앉아 곰곰이 생각하다보니 '팀은 아이스 댄싱을 좋아했어. 경기 보는 것을 좋아했고 선수들이 잘해주기를 기대했겠지. 하지만 기대만큼 점수가 잘 안 나오니 실망했을 거야. 생각 없이 무작정 심판들을 비판한 것이 아니었어. 그냥 자기 감정을 그렇게 표현했을 뿐이야'라는 결론을 내리게 되었다.

어리석음에 오염된 세상에서 깨달음은 그렇게 쉽게 얻어지지 않는다. 시간이 걸린다. 또한 최소한 다른 사람들을 비판하듯이 스스로를 비판적으로 보고자 적극적으로 노력해야 한다. 팀을 제대로 이해했든, 하지 않았든 분명한 사실이 있다. 나는 상당히 추했다. 바보같이 굴었고 어리석게 행동했다.

나는 무슨 말을 해야 할지 더 신중하게 생각해야 했다. 아들을 마음대로 조종하기 위해서나 공격할 기회를 노리기 위해서가 아니라, 내가 어떤 잘못을 했는지 확실히 알고 현재 무엇을 원하는지 분명히 하기 위해서 말이다. 생각이 정리되자 나는 아들을 찾으러 갔다. 섣불리 단정하거나 빈정거리지 않음으로 거리낌 없이 생각을 표현할 수 있도록 사려 깊게 행동하지 못한 것을 사과했다. 용서를 구했다. 고맙게도 아들은 나를 용서해주었고, 우리는 지혜의 편에 설 때 누리는 치유를 경험했다.

예수님은 이 순간을 어떻게 사용하기를 원하시는가?

건설적인 대화를 하기 위해서는 충분히 시간을 두고 이렇게 질문해보아야 한다. '예수님은 이런 상황에서 선한 뜻을 이루시기 위해 말을 어떻게 사용하기를 원하시는가?' 문제가 아무리 심각하고 자주 발생해도 신자의 삶에서 일어나는 모든 불행은 우리가 상상도 못 할 놀라운 수준으로 회복될 수 있다. 예수님이 죽은 자 가운데서 살아나셨으므로 회복되지 않을 어려움은 절대 없다.

이것이 사실이지만 나는 믿기가 어렵다. 주변 사람들이 절대 달라지지 않을 것이라고 단정하거나, 굳이 솔직히 말하려고 애쓸 필요가 있나 비관적으로 생각할 때가 많다. 이런 사람은 복음을 부정하는 것이다. 이런 사람은 예수님이 우리 인생에 개입하지 않으시고 개입하실 의향도 없다고 생각한다. 하지만 이것은 사실이 아니다. 그러므로 나는 어려운 일이 생길 때 가장 먼저 예수님이 자녀들을 위해 선을 이루시고자 일하심을 상기하며 스스로를 타일러야 한다. 예수님은 우리 가정을 선한 방향으로 인도하시고자 열심을 내고 계신다.

마음에 들지 않는 상황과 맞닥뜨릴 때 포기를 선언하고 그 상황을 외면하는 것은 더 이상 고려할 사항이 아니다. 원하는 결과를 얻으려고 누군가에게 화내거나 그를 괴롭히거나 그의 마음을 교묘하게 조종하려고 해서도 안 된다. 오히려 상황에 뛰어들어 섣불리 비판하기 전에 예수님이라면 어떻게 하실지 고민해야 한다. 그분이 이루고자 하시는 일이 무엇인지 이해한 다음에야 적절히 상황에 대처할 수 있다.

내 말에 이런 생각이 들지도 모른다. '그건 비현실적인 주장이야. 내가 그렇게 살았다면 아무 일도 해내지 못했을 거야.' 몇 시간이나 걸리는 힘들고 고된 노력을 하라는 말이 아니다. 그런 일들은 일어나더라도 아주 드물게 발생한다. 내 말은 즉각적으로 결과가 나타나지 않아도 마음의 여유를 가지고 기다려야 할 경우가 있다는 것이다.

우리 아이 중 하나가 내 말에 대놓고 반항하다가 실제로 자기 누나를 위험에 빠뜨렸던 적이 있었다. 나는 화가 치밀었고 사리분별이 안 될 정도로 머리끝까지 화가 났다. 그래서 아이를 소파에 앉혀놓고 이렇게 말했다. "지금 아빠가 어떻게 행동해야 할지 모르겠구나. 그러니 너를 꾸짖고 나무라기 전에 기도를 하러 갔다 와야겠어."

이렇게 말하고 나는 안방 침실로 들어가 기도를 드렸다. 하지만 마음이 진정되기는커녕 더 화가 났고 아이를 따끔하게 혼낼 여러 가지 방법이 머릿속에 어지럽게 떠올랐다. 그러나 그중 어떤 방법도 제대로 된 방법은 아닌 것 같았고, 도리어 마음이 불안하고 더 초조해졌다.

그러다가 문득 내가 엉뚱한 기도를 하고 있음을 깨달았다. 예수님이 이런 상황에서 어떻게 선을 이루기를 원하시는지 물어보지 않고, 다시는 이런 일이 일어나지 않도록 하기 위해 어떤 수위에서 극적이고도 적당하게 처벌할지 궁리하고 있었던 것이다.

왜 해답을 얻지 못하는지 이해가 되었다. 그리스도의 뜻에 합당하도록 구하지 않았던 것이다. 그래서 나는 생각의 방향을 바꾸었다. 이 사건을 하나님이 아이와 우리 가정에 그분의 왕국이 임하도록 개입하실 기회로 보고, 그 기회를 사용해달라고 기도하기 시작했다.

그러자 놀랍게도 아이와 어떤 대화를 나누어야 할지가 너무 쉽게 떠올랐다. 하나님이 원하시는 범위 내에서 어떤 징계를 내려야 하는지에 대해서도 좋은 아이디어를 주셨다. 매우 의미 있는 경험이었다. 더 이상 상황은 악화되지 않았다. 오히려 우리는 이런 상황 속에서 회복하게 하시는 하나님의 뜻을 경험했다.

때로 주님과 함께 고요히 지혜를 구하는 것으로 충분할 때가 있다. 다른 사람에게서 구체적으로 도움을 받아야 할 때도 있다. 때로는 문제를 제대로 해결하고 관계를 회복할 자신이 없어서 주변 사람들에게 조언을 구하기도 한다. 대표적으로 아내, 소수지만 나의 좋은 친구들 그리고 교회 지도자들이 있다.

지혜는 "하나님의 말씀을 하는 것"(벧전 4:11)처럼 말하기 위해 깊이 생각하고 고민한 후 상대방에게 나아가라고 가르친다. 항상 정확한 해답을 알지 못할 수도 있다. 기도하거나 친구들에게 조언을 구할 시간이 필요할 수 있다. 숙고하는 시간을 확보하라. 속도를 늦추고 더 생산적인 방향으로 집중하는 데 시간을 쓰는 것을 망설이지 말라. 생각 없이 무턱대고 행동하는 것은 어리석고 미련하다.

26장

참여를 이끌어내도록 거울 역할을 하라

솔직함으로 진정하게 사랑하는 것을 이해하려면 다른 누군가에게 거울이 되어주는 모습을 상상하면 도움이 된다. 거울은 어떤 역할을 하는가? 거울은 단순히 이미 존재하는 무언가를 비추어 준다. 존재하지 않는 대상을 만들어내서 비추지 않는다. 그 대상을 설명하지도 않는다. 앞으로 무엇을 비출지 미리 알려주지도 않는다. 그 순간 이미 다른 모든 이가 보는 모습을 그대로 비출 뿐이다. 거울에 비친 모습에 어떻게 반응할지는 오롯이 자신에게 달려 있다.

내가 사람들과 관계를 맺으며 누군가에게 거울이 되어주려 하는 이유는 이렇다. "그대로 있어봐. 함께 시간을 보내며 경험한 너는 이런 모습이야. 너도 한번 봐. 같은 모습을 보고 있니? 아니면 내가 무언가 놓치고 있니?"

 오래전 우리 가족은, 바깥에서 집 안을 보지 못하게 커튼으로 가려놓은 게 천만 다행이라고 생각할 정도로 괴로운 저녁 시간을 보내고 있었다. 누구라고 할 것도 없이 모두 한 마디씩 하면서 혼란이 시작되었고, 순식간에 말다툼으로 번졌다. 샐리와 나는 흥분한 아이들을 가라앉히려고 노력했지만 아이들은 진정하라는 말 따위에는 전혀 관심이 없었다. 아이들은 우리의 말에 순순히 따라주기는커녕 누구는 토라지고 누구는 화가 나서 서로 못 본 척했다. 식탁 분위기는 엉망이 되었다. 나 역시 아이들의 잘못된 반응에 감정적으로 대응했고 점점 인내심이 사라지는 것을 느꼈다. 아이들을 거칠게 비난했고 목소리가 점점 더 커졌다. 내 감정이 거칠어질수록 아이들은 입을 더욱 앙다물었고, 식탁을 뚫어지라 노려보며 빨리 자리에서 뜨려고 거의 입에 구겨 넣다시피 먹었다.

 감정이 한참 격앙된 상태에서 분을 삭이느라 씩씩대다 보면 이제는 무시당한다는 사실에 더욱 기분이 나빠진다. 그래서 자포자기의 마음으로 특별히 누구에게라고 할 것도 없이 나는 이렇게 윽박질렀다. "아빠가 말하고 있는데 왜 아무도 대답을 안 하는 거니!"

 용감하고 다정한 아내는 아기에게 밥을 떠먹이다 말고 씩씩거리는 나를 빤히 올려다보더니 "그렇게 화가 나서 윽박지르니 다들 무서워하는 거잖아요"라고 말했다.

그 말은 내가 묻는 질문에 대한 대답은 전혀 아니었지만 내가 꼭 들어야 하는 말이었다. 친절하고 감사하게도 아내는 정곡을 찔렀다. '당신과 같이 산다는 게 어떨지 지금 우리 모습을 한번 보세요. 다들 당신에게 어떤 영향을 받는지 둘러보세요.' 그녀는 나의 거울이었다.

내게는 그런 따끔한 지적이 필요했다. 죄는 쉬지 않는 악이다. 우리를 속이고 완악하게 만든다(히 3:12-13). 하나님께 반항하게 하고 우리의 인생을 망가뜨리며 어리석은 자가 되게 한다. 아내와 아이들이 나의 사나운 모습을 보고 속지 않았음을 유념하라. 속은 사람은 그들이 아니라 나였다. 기만당하고 놀림당한 이는 나였다. 도움이 필요한 사람은 바로 나였다. 그 순간에 나는 상황을 실제로 있는 그대로 파악하고 있다고 진심으로 믿었지만 사실이 아니었다. 나는 도움이 필요했다. 내 모습을 비추어 볼 거울이 필요했다.

아이들이 기만당할 때 역시 이런 거울이 필요하다. 자녀를 사랑한다면 부모는 반드시 아이들에게 거울이 되어주어야 한다.

우리 가정은 하루 동안 전자 기기를 사용할 수 있는 제한 시간을 규칙으로 정해놓았다. 보통 무시하거나 '까먹는' 일종의 유명무실한 규칙이기는 하다. 그래서 나는 꽤나 자주 아이들에게 컴퓨터 사용 시간을 넘겼다고 잔소리한다. 그렇다면 아이들이 정해진 시간을 넘기고 나서도 게임을 하고 있을 때 어떻게 행동하고 말해야 하는가?

 골칫거리인 물건을 집에서 아예 치워버려서 다시는 그 문제로 속을 썩이지 않게 하는 방법을 쓸 수 있다. 집에서 독립한 다음 본인의 돈으로 구입해서 쓰라고 하면 된다. 그 뒤에는 자신의 절제력 결여로 씨름을 하든 말든 더 이상 우리 몫은 아니다. 아니면 숙제할 때를 제외하고 컴퓨터를 아예 사용하지 못하게 하는 방법이 있다. 상대적으로 덜 극단적인 방법이다. 하지만 아예 컴퓨터를 집에서 없애는 방법 못지않게 통제할 수 없는 욕구를 자제하는 법을 가르치지 못한다는 면에서는 별반 차이가 없다. 즉, 어떤 방법도 그들의 마음이 변화되도록 도와줄 수 없다는 말이다. 또한 그들이 스스로 깨닫는 기회를 줄 수도 없다. 나는 아이들이 스스로 깨닫기를 간절히 원한다.

 그런 이유에서 나는 "시간이 다 되었어"라고 말한 후에도 여전히 게임을 하고 있는 아이들에게 다시 잔소리를 하게 된다. 가령 이렇게 말한다. "20분 전에 '컴퓨터를 껐으면 좋겠다'고 말했을 때 넌 속으로 아빠한테 이렇게 말했나 보구나. '신경 끄세요. 아빠. 저는 충분히 컸고 그런 결정을 스스로 내릴 권한이 있어요. 아빠 집에서 아빠 컴퓨터로 무엇을 하든지 제 선택이에요.'"

 물론 아이가 대놓고 그렇게 말하지는 않았다. 그렇다면 나는 무엇을 하려는 것인가? '간섭하지 않는 것'이 상대적으로 해가 없다고 생각함으로 스스로를 기만하게 두지 않고, 그들의 행동에 일치하는 말과 태도를 보여주는 것이다.

그런 다음 아이가 거울을 더 자세히 들여다보도록 유도한다.

"한번 생각해봐. 하나님은 네 인생에 아빠를 보내셔서 다른 사람의 권위라는 경계선 안에서 사는 법을 배우게 하셨어. 다시 말해 아빠를 존중하지 않는다면 하나님은 물론이고 권위를 행사하는 다른 사람들도 존중하지 않을 수 있다는 말이야.

네가 죄책감을 느끼라고 하는 말이 아니야. 네 모습을 돌아보고 이런 모습으로 계속 살고 싶은지 결정하라는 말이야. 이제 컴퓨터를 꺼야 해. 그런데 그다음에 무얼 할지 결정하는 것은 모두 네 몫이야. 기분이 나빠져서 뚱해 있을 수도 있겠지. 불공평하다고 투덜거리며 불평할 수도 있어. 아니면 더 나은 방법으로 네가 앞으로 어떤 사람이 될지 곰곰이 생각해볼 수 있어. 네게는 달려가 도움을 구할 주님이 계셔. 지금 이 모습대로 살고 싶지 않다면 주님은 기꺼이 너를 그분처럼 변화시켜주실 거야."

죄가 싸워야 하는 현실적인 문제인 한(우리를 유혹하고 기만하므로), 우리는 모두 영적 실명 상태와 계속 싸워가야 한다. 이런 문제에 대해 하나님은 서로의 삶에서 거울이 되어주는 방법을 한 가지 해결책으로 주셨다.

자녀에게 눈앞의 문제를 해결하게 도와달라고 요청하라

누군가의 거울이 되어줄 때 우리는 때로 "나는 이런 문제가 보이는데… 너는 어떻게 할 거니?"라는 반문으로 마무리한다. 어떤 경우에는 눈에 보이는 문제를 해결하기 위해 협조를 요청하는 추가적 조치를 취할 수도 있다. 개인적으로 나는 오래전 어떤 멘토에게 배웠던 간단한 공식을 따라 생각해보는 방법을 사용했는데 도움이 되었다. 그 공식은 다음과 같다.

- 네가 _____하게 행동하거나 말할 때,
- 나는 _____한 느낌이 든다(혹은 내가 _____하게 행동하거나, _____하게 말하거나, _____하게 생각하게 된다).
- 그러니 제발 도와줘(우리에게 유익한 방향으로 해결되기를 원하고, 너 없이는 우리 문제를 풀 수가 없어).

거울과 마찬가지로 우리는 지금 상대방이 하고 있는 행동의 이유를 알려주지는 않는다. 대신 우리 눈에 보이거나 경험하는 문제를 단순히 서술할 뿐이다. 또한 특정한 방향으로 우리의 반응을 이끌어냈다고 상대방을 비난하지도 않는다. 상대방이 어떤 말이나 행동을 할 때 우리가 특정한 방향으로 반응하게 되는 경향을 고백할 뿐이다. 그런 다음 마지막으로 현재 관계 속에서 일어나는 긴장이나 갈등을 풀기 위해 상대방에게 함께 해결해보자고 요청할 수 있다.

우리 가족은 저녁 식사 후 식탁에 둘러 앉아 부담 없이 대화를 나누고 속을 털어놓는 분위기를 만드는 법을 배우면서 이런 방식이 유익함을 확인했다. 아직 초등학생이었던 아이들은 마치 식당 카페에서 식사를 하는 것처럼 굴었다. 저마다 상대방의 말은 듣지도 않고 재잘거렸고 결국 목소리가 가장 큰 사람의 이야기만 들을 수 있었다.

어느 날 저녁, 각자 음식을 앞에 둔 상태에서 나는 집중해달라고 한 다음 이렇게 말했다. "가만 보니 한 가지 문제가 보이는구나. 다른 사람의 말을 듣지 않고 모두 제 할 말만 하고 있어. 그러니 누가 말해도 잘 안 들리는구나. 계속 이렇게 하다가는 누구는 계속 혼자 이야기하고 나머지 사람들은 그 말을 멈추게 하려다가 시간이 다 갈 거야. 이 문제를 어떻게 해결할 수 있을까?"

세 가지 요소가 보이는가?

- 한 가지 문제가 보인다. ➔ 모두가 서로의 말을 듣지 않고 제 할 말만 한다.
- 그렇게 해서 찾아오는 결과 ➔ 우리 중 누구도 어떻게 하루를 보냈고 무슨 생각을 하며 살았는지 이야기할 수 없다.
- 제발 도와줘. ➔ 이 문제를 어떻게 해결할 수 있을까?

아이들이 어떤 반응을 보일지 전혀 예상되지 않았다. 하지만 아이들은 놀라울 정도로 호응했다. 그다지 소용이 없는 제안들도 일부 있었지만 우리는 함께 머리를 맞대고 한 가지 최종 방안을 마련했다. '방해 티켓'을 만들어 바구니에 넣어두기로 한 것이다.

저녁 식사를 할 때 다른 사람이 말하는 중에 끼어들어 말하기 시작하면 누구라도 그에게 '방해 티켓'을 줄 수 있었다. 식사 중에 티켓을 세 번 받은 사람은 식사가 끝날 때까지 다시 대화에 참여할 수 없는 벌칙을 받았다. 절대 봐주는 경우는 없었다. 대화를 가로막고 방해하면 무조건 티켓을 받았다. 서로 웃으면서 상대방의 잘못을 지적할 수 있는 유쾌한 방법이었다. 내가 티켓을 받자 아이들은 좋아라 환호성을 질렀다.

대략 일주일이 흐르자 티켓을 이용하는 방법은 더 이상 참신하지 않았다. 하지만 모두가 자기 생각을 이야기할 여지를 의도적으로 만들어주자 각자의 몫을 존중하는 문화가 가정에 자리 잡을 수 있었다.

이런 식의 도구들은 유익하지만 말 그대로 도구에 불과함을 잊어서는 안 된다. 누군가에게 거울이 되어준다고 해서 그의 마음이 바뀌지는 않을 것이다. 눈에 보이는 문제를 해결하기 위해 개입한다고 해서 그 사람의 마음에 변화가 일어나지도 않는다. 물론 이런 방법들은 아이들로 하여금 변화되어야 할 부분이 어디인지 보도록 도와줄 수는 있다. 하지만 당신이 간절히 바라는 삶의 변화가 일어나게 하는 것은 그리스도만이 하실 수 있다(요 3:5-8). 마음은 오직 예수님만이 바꾸어주실 수 있다.

27장

마음을
겨냥하라

바리새인: 선생님이여 우리가 아노니 당신은 참되시고 진리로 하나님의 도를 가르치시며 아무도 꺼리는 일이 없으시니 이는 사람을 외모로 보지 아니하심이니이다. 그러면 당신의 생각에는 어떠한지 우리에게 이르소서. 가이사에게 세금을 바치는 것이 옳으니이까 옳지 아니하니이까.
예수님: 외식하는 자들아 어찌하여 나를 시험하느냐.

– 마태복음 22장 16-18절

참 뜬금없다는 생각이 든다. 이런 대화를 들을 때 어떤 기분이 들지 생각해보라. 도덕적으로 선하다고 평가받는 바리새인은 예수님을 정중하고 예의 바르게 대한다. 이런 바리새인과 비교하면 예수님의 반응은 거칠고 무례하다.

더구나 예수님은 대화의 핵심을 놓치고 계신 것 같다. 바리새인들이 질문한 내용과 예수님의 답변은 그 핵심이 완전히 다르다. 그들은 세금과 관련된 윤리적 딜레마를 토론하고자 했지만, 예수님은 위선을 집중적으로 부각하셨다.

이런 대화가 납득이 가는 유일한 이유는 바리새인들이 예수님을 함정에 빠뜨리고자 모의했다는 내부자의 정보를 이미 들었기 때문이다(마 22:15). 그들의 말은 정중하고 예의 있지만 그들의 본심은 완전히 달랐다. 예수님은 그들의 말 이면의 동기를 보시고 그 문제를 거론하셨다. 예수님이 이렇게 하신 것은 이번이 처음이 아니었다.

마리아가 사람들과 함께 예수님의 말씀을 듣는 동안 예수님의 친구 마르다는 집안 가득히 들어찬 손님들을 접대하느라 부산하게 움직이고 있었다. 그녀는 예수님을 떠보듯이 "주여 내 동생이 나 혼자 일하게 두는 것을 생각하지 아니하시나이까"(눅 10:40)라고 불쑥 물었다.

마르다가 예수님을 어떤 식으로 떠보고 있는지 보이는가? 보통 이런 질문에 예수님은 어떻게 대답해야 옳은가? "그렇다, 마르다야. 나는 전혀 개의치 않는다. 너는 그냥 네 일이나 계속 하고 나를 끌어들이지 말거라"라고 대답하셔야 하는가? 아니면 마르다의 뜻에 동조하셔서 "아니다. 그렇게 바쁘다니 마음이 정말 쓰이는구

나. 그러니 마리아야 일어나 언니가 원하는 대로 손을 보태어주거라"라고 대답하셔야 하는가? 어느 경우든 예수님이 마땅히 답변하시기 쉽지 않은 질문으로 보인다.

그러나 예수님은 떠보는 질문에 도사린 함정에 걸려들지 않으시고 많은 일로 염려하고 근심하게 했던 마르다의 과도한 집착을 언급하심으로 그 질문 이면의 문제를 지적하셨다(눅 10:41).

어떤 경우에는 한 남자가 예수님께 단도직입적으로 이렇게 말하기도 했다. "선생님 내 형을 명하여 유산을 나와 나누게 하소서"(눅 12:13). 예수님이 이 남자와 같은 수준에서 대답하셨다면 "나는 못한다. 당신의 형이 유산을 다 가지는 게 맞다"라고 말씀하시거나 "좋다. 나를 이용해서 형이 정신을 차리도록 하게나"라고 말씀하셔야 했을 것이다.

이 경우에도 예수님은 역시 표면적인 대화의 이면을 보시고 더 중요한 문제를 지적하셨다. 두 형제를 지배하는 탐욕을 경고하는 비유를 들려주시고, 그 문제를 겨냥하여 두 사람에게 회개를 요청하셨으며, 그렇게 하지 않으면 심판을 받을 것이라고 암시하셨다(눅 12:14-21).

다시 말해 예수님은 항상 액면 그대로의 말에 반응하지 않으셨고 그들의 더 깊은 필요를 다루셨다. 말이란 마음에서 흘러나오기 때문에(마 12:33-37) 피상적으로 대화하지 않으시고 상대방의 깊은 본심을 다루어야 한다고 생각하셨다.

우리 마음은 늘 예수님이 주시는 것을 원하지는 않는다

요한복음 6장은 예수님과 무리 사이의 길고도 마음 아픈 대화를 기록한다. 예수님은 그동안 그들을 가르치시고 먹이시며 병든 자들을 고쳐주심으로 돌봐주셨다. 하지만 무리는 예수님께 더 많은 것을 얻기를 원했다. 그날 밤 예수님이 갈릴리 호수를 건너가시자 그들은 다음 날 일제히 그분을 쫓아갔다.

그러나 그들은 순수하지 않은 동기로 예수님을 쫓았고 예수님은 그 사실을 알고 계셨다. 그래서 그분은 사실상 무리에게 이렇게 말씀하신 것과 같다. "너희는 내가 아니라, 다시 말해 제사가 아니라 먹을 것을 얻는 데만 관심이 있다. 공짜 점심을 원하는 것이다"(참고. 요 6:26). 그들은 예수님의 이런 지적을 인정하지 않고 이렇게 말했다. "아닙니다. 우리는 진정으로 당신을 원합니다." 하지만 본문을 읽어보면 그들은 어떻게 해서든지 끝까지 예수님을 설득해서 먹는 문제를 해결하려 했다. 그로써 그들이 내세운 주장은 신뢰성이 무너지고 있었다(요 6:30-31, 34).

예수님은 이들의 주장에 놀라운 말씀으로 반박하셨다. 그들이 필요하다 여기는 참된 양식인 예수님이 아버지께 보내심을 받아 하늘에서 내려오셔서 바로 지금 그들 앞에 있지만 그들이 그분을 원하지 않는다는 것이었다. 그들은 풍성한 삶에 대해 이미 나름의 생각이 있었는데 예수님의 말씀은 그것과 어긋났다. 그들은 예수님이 아니라 그분이 주시는 다른 것을 원했다.

더구나 예수님은 사람들에게 짜증을 불러일으키셨다. 그들은 굶주려 배가 고픈데 예수님은 계속 철학적이고 신학적 토론으로 그들의 시간을 앗아가고 계셨다. 그래서 그들은 말씀의 신뢰성을 깨뜨릴 방법을 찾아냈다. "이 사람은 목수의 아들 예수가 아니냐"(참고. 요 6:42).

무리는 자신이 정당한 것을 구하고 있다고 스스로를 설득했고 주님의 제안을 거부할 이유를 찾아냈다. 그런 이유들을 근거로 그들은 계속 이렇게 믿을 수 있었다. "점심을 해결할 수 있다면 인생에서 더 이상 바랄 것이 없겠군. 예수님은 이 문제를 쉽게 해결하실 수 있는데 할 마음이 없으셔. 어떻게 해야 만족할지 나는 이미 알고 있어. 하지만 예수님은 나의 굶주림을 해결할 방법을 가르쳐주신다더니 이렇게 말도 안 되는 소리로 엉뚱한 데로 관심을 유도하고 계셔." 그들은 본질적으로 배불리 먹는 일에만 관심이 있었기 때문에 결국 대화는 진전될 수 없었다.

나도 그들과 하등 다를 바 없음을 알기 때문에 이들을 보면 두렵다. 참된 생명의 근원이신 예수님과 대면할 때 나는 예수님이 아닌 다른 것을 원하고 있음을 깨닫곤 한다. 비단 나만 그렇지는 않을 것이다. 통장에 잔고가 조금만 더 넉넉하고, 집에 필요한 물건이 가득하며, 여유롭게 휴가를 즐길 수 있고, 좋은 친구가 더 많이 있으며, 더 좋은 직장이 있고, 집에 오면 미소로 맞아주는 배우자와 부모를 공경하는 자녀들이 있다면 결국 만족스럽게 인생을 살 수 있다고 믿고 있지 않은가?

이런 생각은 가장 근본적인 차원에서 악하다 할 수 있다. 하나님의 권면을 외면하고 계속 소리 질러 외치며 내면 깊숙한 곳에서 쉬지 않고 독소를 뿜어내고 있다. 악은 하나님의 하나님 되심을 증오하고 그분이 공급하시는 것을 싫어한다. 하나님이 주시는 것 이상을 바란다. 특별히 그분이 주시는 것이 아닌 다른 무언가를 원한다. 살기 위해 예수님이 필요하지만 항상 예수님을 원하지는 않는다. 이것이 악이다.

예수님은 무리가 바로 이런 사실을 깨닫게 도와주려고 하셨다. 배불리 먹고자 하는 그들의 집착은 영적 굶주림이라는 진정한 필요를 보지 못하게 눈을 가리고 있었다. 자녀 마음속에 있는 진정한 갈망을 건드리는 대화를 하지 못할 때도 이런 일이 벌어진다. 복음의 풍성함을 알리고 복음이 자녀의 결핍을 진정으로 해결해줄 수 있음을 가르쳐주지 못한 채 끝없이 제자리를 맴도는 대화를 할 것이다.

스스로 마음의 변화를 일으킬 수 없음을 가르쳐주라

어느 날 오후 아들 대니가 펫 숍에 가자고 아내를 계속 조르고 있었다. 전날 밤에 분명히 가게에 데려가겠다고 약속했는데도 지켜지지 않아 골이 나 있었다. 그는 이런 일이 반복되게 두고 보지 않겠다는 듯이 씩씩거렸다. 점점 더 흥분해서 언제 출발할 건지

두 번 세 번 물었다. 엄마가 약속을 알고 있는지 확인하고, 약속대로 펫 숍에 가지 않아서 얼마나 기분이 나쁜지 이야기했다. 그는 엄마와 말을 주고받을 때마다 점점 더 열을 올리고 있었다.

샐리는 꼭 약속을 지키겠다며 아들을 달래고 있었지만 무슨 말을 해도 진정할 기미가 보이지 않자 속이 상했다. 한동안 두 사람의 대화를 듣고 있던 나는 대니를 서재로 불렀다. 펫 숍에 가고 싶은 마음 자체는 문제가 없는지 물어보았다. 아무리 가고 싶은 마음이 커도 정도껏 고집을 피우라고 말했다.

그리고 야고보서 4장 1-3절을 인용해 아무리 좋은 것이라도 지나치게 애지중지하면 좋지 않다고 일러주었다. 만약 그렇게 되면 존중하고 돌봐야 할 하나님의 형상이 사람에게서 사라져버리므로 우리 관계도 결국 망치게 된다고 말했다. 우리 목표에 도움이 될 수도 있지만 방해가 될 수도 있는 것이다.

나는 이렇게 말했다. "가게에 가는 자체가 다른 무엇보다 중요한 목표가 되면, 엄마가 너를 그곳에 데려가야 좋은 엄마라 생각할 테고 널 데려다주는 멋진 엄마가 있다고 신이 나겠지. 하지만 너를 데려가주지 않으면 엄마는 쩨쩨하고 너를 방해하는 사람이 되겠지. 그러면 넌 무슨 말을 해서라도 엄마가 너를 방해하지 못하게 할 거야. 어떤 경우든 너는 엄마와 인격적으로 관계를 맺으려 하기보다 그냥 이용할 대상으로만 생각하는 거란다."

대니는 고민에 잠긴 표정으로 고개를 끄덕였고, 나는 다시 이렇게 물었다. "그러면… 이제 어떻게 했으면 좋겠니?"

"펫 숍에 가겠다는 생각은 머리에서 지우고 더 이상 생각하지 말까요?"

나는 웃으며 고개를 저었다. "아니. 그건 네 마음대로 잘 안 될 거야. 아무리 좋은 일도 너무 집착하면 네 마음대로 조절이 안 돼. 그게 문제야. 네 생각처럼 그 일을 사소하게 만들지 못할 거야. 하지만 예수님은 하실 수 있어. 주님께 죄송하다고 말씀드리렴. 좋은 일인데 너무 애지중지 여긴 잘못을 용서해달라고 기도해야 해. 그런 다음 그것을 원하는 마음이 완전히 사라지게 해달라고 기도하지 말고, 적절한 수준으로 작아지게 해달라고 기도해야 해. 그래서 너와 엄마가 그 문제로 더 이상 사이가 나빠지지 않게 말이야."

복음은 삶의 모든 문제에 대한 해결책이다. 우리와 자녀들은 예수님보다 더 원하는 것이 날마다 생기고 거기에 마음이 **빼앗길** 것이다. 하지만 우리에게는 소망이 있다. 예수님이 그분을 거부하는 마음의 악에서 우리를 건져주시려 죽으셨기 때문이다. 또한 예수님은 죽은 자 가운데서 살아나셔서 우리를 성령으로 충만하게 해주시고, 이제 다른 것이 아니라 그분을 사모하며 살게 해주셨다.

매우 실제적인 의미에서 우리는 오늘 진정으로 주님이 필요하다. 더 깊이 있는 대화를 나누며 자녀의 마음을 건드릴 때만 나의 필요가 보이고 아이들도 자신의 진정한 필요를 보게 될 것이다.

28장

연약한 자리로 먼저 나아가라

자녀가 하나님보다 다른 것을 중요하게 생각하고 결국 우상을 섬길 때, 우리는 그들의 마음에 변화가 생기도록 도전해야 한다. 이를 통해 그들에게 그리스도가 진정으로 필요하다는 사실을 깨닫게 해주어야 한다. 그러는 과정에서 그들에게 숨겨진 모습이 드러날 것이다. 이때 세심하게 주의를 기울이지 않으면 자녀는 오히려 불안감에 시달리거나 보호받지 못한다는 생각에 빠질 수 있다.

자녀가 기꺼이 마음을 열고 받아들일 수 있는 연약함의 자리로 나아오게 할 방법은 무엇인가? 우리가 먼저 그 자리로 나아가면 된다. 자녀가 직면할 연약함보다 더 연약한 자리에 먼저 가 있으면 된다. 당신이 자녀 못지않게 결핍되고 약한 존재인데도 당신에게 소망이 있다면 그들에게도 당연히 소망이 있음을 확실하게 보여주면 된다. 바울은 로마의 그리스도인들에게 쓴 편지에서 바로 이런 모습을 보여주었다.

바울은 로마의 형제자매들을 개인적으로 만난 적은 없었다. 그렇다고 해서 그에게 그리스도가 얼마나 필요한지를 솔직하게 드러내지 못할 이유는 없었다. 그가 쓴 편지에서 그런 모습을 엿볼 수 있다.

> 우리가 율법은 신령한 줄 알거니와 나는 육신에 속하여 죄 아래에 팔렸도다 내가 행하는 것을 내가 알지 못하노니 곧 내가 원하는 것은 행하지 아니하고 도리어 미워하는 것을 행함이라 만일 내가 원하지 아니하는 그것을 행하면 내가 이로써 율법이 선한 것을 시인하노니 이제는 그것을 행하는 자가 내가 아니요 내 속에 거하는 죄니라 내 속 곧 내 육신에 선한 것이 거하지 아니하는 줄을 아노니 원함은 내게 있으나 선을 행하는 것은 없노라 내가 원하는 바 선은 행하지 아니하고 도리어 원하지 아니하는 바 악을 행하는도다 만일 내가 원하지 아니하는 그것을 하면 이를 행하는 자는 내가 아니요 내 속에 거하는 죄니라(롬 7:14-20).

바울이 하는 말을 주의 깊게 보라. 그리스도의 신비를 체험하고 신약 성경의 대부분을 집필한 대신학자가 "내 행동을 내가 이해할 수 없다. 내가 하는 행동이 전혀 이해되지 않는다. 오히려 싫어하는 행동을 하다니 미칠 지경이다. 어떻게 할지 모르겠다"(참고. 롬 7:15)고 탄식하고 있다.

비슷한 내용을 되풀이하는 것을 보면 바울의 혼란과 좌절이 어느 정도인지 짐작할 수 있다. "내가 원하는 것은 행하지 아니하고 도리어 미워하는 것을 행함이라 만일 내가 원하지 아니하는 그것을 행하면 내가 이로써 율법이 선한 것을 시인하노니"(롬 7:15-16).

마치 이렇게 말하는 것 같다. "율법에 적힌 내용이 좋다. 그 내용에 동의한다. 이웃을 내 몸과 같이 사랑하면 살기 좋은 세상이 될 것이다. 나는 세상이 정말 나아졌으면 좋겠다. 서로 신뢰할 수 있는 세상이 되었으면 좋겠다. 다른 사람이 잘되기를 진심으로 원하고 다른 사람을 이용하지 않는 세상이 되었으면 좋겠다. 서로의 약점을 알아도 그 약점으로 서로를 해치지 않는다는 믿음이 있기 때문에 서로에게 정직해질 수 있는 세상을 원한다. 아이들이 그런 세상을 직접 경험하고 그런 세상에서 성장하며 그런 세상으로 만들어가는 경험을 했으면 좋겠다… 그런데 내가 그 세상을 망치고 있다."

바울의 내면에서는 과거가 아닌 현재에 영혼의 갈등이 활발하게 일어나고 있다. 동사의 시제를 눈여겨보라. 바울은 지금 벌어지고 있는 일을 쓴 것이다. 그는 과거의 역사적이고 추상적인 싸움을 묘사하고 있지 않다. 현재 내면에서 쉬지 않고 벌어지는 싸움을 묘사한다.

바울은 이렇게 말하는 것이다. "선을 행하기는커녕 오히려 내가 싫어하는 일을 하고 있다. 관계를 망가뜨리는 일을 하고 있다. 상대방이 말하려는 내용에 관심을 두기보다 내가 하고 싶은 말을 생각하는 데 더 많은 시간을 쓴다. 끊임없이 나 자신을 드러내려 한다. 다른 사람들의 우위에 서 있고 싶어 한다. 다른 사람을 무시한다. 누군가 내게 한 행동을 끝없이 곱씹고 마음에 계속 되새기면서 과거로 흘려보내려 하지 않는다. 어떻게 하면 앙갚음하고 되갚아줄지 끊임없이 생각한다. 하지만 아무리 그렇게 해도 마음이 후련해지지 않고 오히려 그 사람과 사이만 멀어진다. 이런 내 자신이 정말 싫은데 멈출 수가 없다"(참고. 롬 7:19).

모든 말이 하나같이 절망적으로 들린다. 그러다가 바울의 진짜 자아(17절과 20절에서 '나'라고 지칭되는 중요한 자아)가 더 이상 죄를 짓는 데 몰두하지 않는다는 사실을 깨닫는다. 내적인 변화가 있었다. 마치 바울은 이렇게 말하는 것 같다. "여전히 악한 일을 할 수는 있겠지만 악한 일을 좋아해서 하지는 않는다. 나는 오히려 다르게 살고 싶다. 더 나은 일을 하고 싶다. 나의 정체성은 근본적으로 다른 사람에게 추한 존재가 아니라 선한 존재가 될 때 온전히 정립될 수 있다. 혼란은 여기에서 시작된다. 나 자신만큼 중요한 다른 세력이 있다. '내' 안에 살고 있는 이 세력은 바로 죄다."

바울이 자신의 내적 싸움을 아주 확실하게 설명해준 덕분에 우리는 모두 우리 안에서 벌어지는 동일한 싸움을 자각하고 그의 심정에 동의할 수 있다. 그런데 그런 다음 그는 이 싸움 이면의 더 심오한 진실을 가르쳐준다. 우리를 구원하신 하나님께 새로운 본성을 받았다는 것이다. 바울의 편지를 계속 읽다 보면 무슨 일이 있어도 하나님이 우리를 포기하지 않으신다는 사실을 깨닫는다. 또한 그 어떤 것도 하나님과 그분이 만들어주신 새로운 '나'를 방해하도록 두지 않으실 것을 알게 된다(롬 8:31-38).

이것은 결정적으로 중요한 사실이다. 바울은 계속 절망적인 내용을 이야기했지만, 상황이 아무리 비관적이어도 우리를 그리스도의 사랑에서 끊을 수 있는 것은 아무것도 없다. 즉, 우리가 아무리 악하다 해도 그리스도께 나아가지 못하게 막을 것이 없다는 말이다.

이런 사실은 우리가 보통 생각하는 내용과 배치된다. 수천 년 전 누군가가 이렇게 말하는 장면을 상상해볼 수 있다. "바울도 그렇지만 너도 문제가 있잖아. 다른 사람들에게 가치 있는 존재가 되기 위해서는 먼저 해결해야 할 문제들이 있어. 그러니 도움을 받아야 해. 상담가나 다른 누군가를 찾아봐. 일단 문제가 다 해결되면 사역을 할 자격이 생길 거야."

하지만 바울은 더 깊은 진리를 알고 있었다. 그에게 예수님이 아니면 해결할 수 없는 문제가 늘 있겠지만, 그런 문제가 있다고 사역자라는 자격까지 사라지지는 않는다. 오히려 그리스도가 필요하다는 공통의 조건 때문에 한 번도 만난 적이 없는 사람이라도 서로 더욱 쉽게 공감할 수 있으므로 사역이 가능해진다. 사역자 개인이 싸워야 할 문제가 있다고 해서 사람들과 관계가 단절되지 않는다. 도리어 이런 문제는 동일한 복음의 소망이 그들에게 절실히 필요함을 드러내고, 같은 문제로 싸우는 사람과 마음을 이어주는 다리가 된다.

그리스도가 절실히 필요했던 경험을 이야기해주는 것은 자녀가 은혜를 경험하도록 이끌어줄 때 아주 중요하다. 바울은 우리를 도우려 자신의 실패를 이용했다. 그런데 우리가 자녀를 위해 실패한 이야기들을 적극적으로 활용하지 않는다면 그 이유는 무엇인가? 스스로를 돌아보라.

아이들 못지않게 부모에게도 예수님이 필요하다는 사실을 알려주라

한번은 팀의 생활 태도가 점점 엉망이 되어가는 모습을 며칠 동안 지켜보고 있었다. 핸드폰으로 동영상을 보면서 몇 시간이나 허비했고, 사용한 물건을 온 집 안에 늘어놓고 정리하지 않았으며, 빵과 과자를 어마어마하게 먹어댔다. 간단히 말해 무분별한 인생을 살고 있었다.

이 문제를 제대로 인식하게 해주고 따끔하게 지적해야 한다고 생각했지만, 정색하고 꾸짖을 것 같은 인상을 주면 쉽게 의기소침해질 수도 있었다. 그래서 나는 고민 끝에 자제력을 완전히 잃어버렸던 어느 날 밤의 이야기를 들려주기로 했다.

주일 저녁이 되면 나는 텔레비전을 앞에 두고 마음속에서 치열한 싸움을 벌인다. 목회자로서 주일은 일주일을 마무리하는 날이다. 하지만 주일에 느긋하게 하루를 마감하며 보내기보다는 한 주를 결산하고 다음 한 주를 계획해야 한다. 주일은 매우 공적인 날이며 수백 명의 사람과 부대껴야 하는 날이다. 두 번의 공식 설교 시간에 긴장이 최고조에 이를 때도 있다. 이렇게 하루를 보내면 멍하니 아무 생각도 하지 않고 쉬고 싶은 생각이 간절해진다. 그리고 텔레비전은 그렇게 시간을 보내기에 더없이 좋다.

이 채널에서 저 채널로 아무 생각 없이 리모컨을 들고 채널을 돌리며 시간을 보내면 너무나 좋다. 화면 속 내용에 관심이 있어서가 아니다. 그렇게 화면을 들여다보고 있으면 생각할 필요도, 느낄 필요도 없고 하루 동안 있었던 일을 생각하지 않아도 되기 때문이다. 엄밀히 말해 텔레비전은 일종의 전자 기기 마약이다. 그리고 이성을 마비시키는 여느 마약처럼 만족이란 절대 없다.

그래서 나는 월드 시리즈(World Series)와 선데이 나이트 풋볼(Sunday Night Football) 경기가 끝날 때까지 채널을 바꾸어가며 보았던 일을 팀에게 이야기해주었다. 그리고 두 경기가 끝나자 드라마 '엘리멘트리'(Elementary)와 '퍼슨 오브 인터레스트'(Person of Interest) 재방송을 보기 시작했다. 텔레비전을 끄고 잠자리에 들어야 한다고 생각했지만 시계 바늘이 11시를 넘어 11시 30분, 급기야 12시를 넘길 때까지 계속 텔레비전을 보았다. 결국 12시 30분이 되어서야 텔레비전을 껐다는 이야기를 해주었다. 비웃음을 살지 모르지만 텔레비전을 끄기 위해 하나님의 도우심이 필요했다. 내 수준이 그 정도였다.

팀은 이런 문제로 힘들어하는 사람이 자기 혼자만이 아니라는 사실을 듣고 적잖이 위로를 받은 모양이었다. 아빠도 스스로에게 "안 돼"라고 말하는 것이 얼마나 힘든지 알고 있고, 예수님은 그런 우리를 포기하지 않으신다는 것을 말해주자 팀은 힘을 얻었다. 주님은 여전히 우리를 사랑하시므로 그분께 달려가서 도움을 간청하며 변화를 구할 수 있다.

우리는 기분 좋게 대화를 나누었고 변명하거나 자신을 방어하지 않았다. 내가 험담, 남을 괴롭히는 문제, 폭력, 절도, 과식, 과음, 음란물 시청, 거짓말, 다른 사람을 조종하는 것과 같은 문제로 괴로워했다고 털어놓았을 때도 비슷했다.

사도 바울의 경험과 같이, 자신의 나약함을 고백하는 것이 사람과 사람 사이에 다리를 이어주는 것을 보았다. 이때 우리는 명백한 사실을 인정해야 한다. 곧, 우리는 홀로 고군분투하지 않으며, 어떤 일이 있어도 나를 사랑하시고 나를 변화시키려고 늦은 시간까지 애쓰시는 분이 내 곁에 계신다는 것이다.

스스로 연약한 자리로 나아간 덕분에 나는 생각하지도 못한 도움을 얻게 되었다. 대화를 나누고 바로 그다음 주일 밤에 팀은 침실로 가면서 내 방문 틈으로 머리를 불쑥 내밀고 이렇게 말했다.

"오늘 밤은 12시 30분이 되기 전에 꼭 잠자리에 드세요. 아셨죠?"

나는 팀의 말대로 했다. 그것은 오롯이 내 세계로 용기 있게 뛰어들어 솔직하게 말해준 이가 있었기 때문이었다. 나의 취약함을 이해하고, 자신과 똑같이 약점으로 씨름하는 사람들을 돕고자 말로 개입하는 법을 배운 누군가가 있었기 때문이었다. 팀이 아니었다면 장담컨대 그날 밤 일찍 잠자리에 들지 못했을 것이다.

자녀에게 필요한 것이 우리에게도 필요하다. 부모가 자기에게 무엇이 필요한지를 인지하고 있다는 사실과 우리를 만나주시는 구세주를 확실히 알고 있다는 사실을 자녀들은 꼭 알아야 한다.

29장

우리의 실수와 상처로 다리를 만들라

과거에 씨름했던 고민들을 자녀에게 털어놓는 일은 불안감과 긴장을 유발할 수 있다. 나에게 이런 문제로 고충을 털어놓았던 한 엄마와 같이 생각할 수도 있다. 그녀는 이렇게 말했다. "나의 과거를 너무 많이 털어놓았다가 아이들이 엄마도 그런 일을 하고 괜찮았으니 자기들도 괜찮을 거라고 오해하거나, 나를 존경하는 마음이 사라질까 두려워요."

사도 바울은 그 정도의 위험은 감수할 가치가 있다고 생각하는 것 같다. 그는 로마서에서 자신의 내면적 갈등과 싸움을 설명했다. 그런데 여기서 더 나아가 다른 서신에서는 자신이 저지른 일로 자신을 죄인들 중에 '가장 극악한' 죄인으로 불러도 할 말이 없다고 기꺼이 고백한다(딤전 1:15). 이런 구절들을 읽고 죄를 지어도 된다는 일종의 범죄 자유 이용권을 받았다고 생각할 사람은 없다. 우리에게 예수님을 더 잘 전하려는 일념으로 자기 명성이 훼손될 위험을 감수할 때마다 오히려 바울을 더욱 우러러보고 존경하는 마음이 생긴다.

자녀와의 관계에서 내가 그동안 경험했던 것도 이와 비슷하다. 내 모습을 진솔하게 털어놓으면 아이들은 나를 더욱 존중하고, 내가 삶을 나누듯이 적극적으로 삶을 나누려고 한다. 이와 별개로 자녀에게 과거의 고민을 털어놓을 때 참고할 수 있는 몇 가지 지침을 성경에서 배울 수 있다.

첫째, 아이들이 어떤 상황일지 그들의 입장을 진정으로 이해한다는 믿음을 심어줄 정도로 상세히 과오를 설명해야 하지만, 간접 경험을 통해 죄를 짓도록 부추길 정도로 지나치게 세세한 묘사는 피해야 한다.

사무엘하 11장에서 다윗이 밧세바를 유혹한 이야기를 보면 지붕 옥상에서 다윗이 그녀를 본 순간 정확히 어떤 일이 일어났는지 알 수 있다. 하지만 음란물에 가까울 정도의 상세한 묘사는 단 한 번도 등장하지 않는다. 그 이야기를 듣고 성적 상상력이 발동하거나 마치 다윗이 된 것처럼 성적인 환상에 빠져들게 유도하는 내용은 전혀 없다.

오히려 어떤 일이 일어났는지 알고 경각심을 갖게 된다. 저자는 다윗이 저지른 죄의 세부 내용을 서술할 때 조금도 호기심을 자극하지 않는 방식을 택했다. 왕으로서 직무 태만이나 관음증이나 신의를 저버린 배신행위들은 하나같이 추하고 그 사실이 생생하게 독자들에게 전달된다.

자녀에게 실패했던 경험담을 털어놓을 때 자신도 모르게 나쁜 일을 미담으로 포장해서는 안 된다. 그 일이 짜릿하다거나 가치 있었다거나 즐거웠다거나 혹은 보상이 따랐다는 식의 인상을 풍기지 않도록 각별히 주의해야 한다. 스스로를 똑똑하거나 영향력이 있거나 용감하거나 재기발랄하거나 부러워할 만한 사람으로 미화하고 싶은 유혹에 빠지지 않도록 조심해야 한다.

다른 사람을 험담한 이야기를 들려줄 때는 그 대가를 치렀던 것이나 후유증이 있다는 사실을 함께 설명해야 한다. 누군가를 괴롭히고 따돌린 이야기를 상대방이 당연히 받아야 할 대가를 치렀다는 식으로 마무리해서는 안 된다. 남의 것을 훔친 이야기도 이득을 남긴 내용으로 끝내서는 안 된다. 누군가를 성적으로 제압하거나 사업상으로 억압한 이야기들을 성공 스토리로 둔갑시켜도 안 된다.

죄를 지은 이야기들은 하나님의 세계에서 그분의 뜻대로 살지 않아서 생긴 상처와 고통을 제대로 드러내야 한다. 타락한 인간의 비참한 실상을 알려주고, 다른 사람들과 나 자신에게 어떤 해악을 끼쳤는지 가르쳐주라. 죄책감, 후회, 슬픔, 수치심, 당혹감, 더 최악의 경우 양심의 무감각함과 같이 눈으로 확인하기 어려운 내적인 결과들도 반드시 이야기해주라.

다시 말해, 있는 그대로 악의 더러운 실상이 드러나도록 당신의 경험을 들려주라(엡 5:11). 이렇게 하면 자녀는 직접 그 일을 시도해보고 싶다거나 죄를 지으러 달려가고 싶은 마음이 사라질 것이다. 오히려 회복을 구하며 망가진 관계를 회복해줄 누군가를 간절히 바랄 것이다.

둘째, 이때가 바로 구속자를 알려줄 좋은 기회다. 당신이 아닌 예수님이 영웅이라는 사실이 부각되도록 이야기를 들려주라. 이렇게 하지 않으면 장차 이야기에서 자신이 영웅이 되어야 한다는 식으로 자녀들을 가르치게 될 것이다. 당신의 경험담을 이용해 충격 요법을 쓰려고 해서는 안 된다는 뜻이다. "너는 네 나이 때의 나처럼 살면 안 돼"라는 도덕적인 교훈만 주는 훈계용 이야기나 현대 우화들을 들려주어서도 안 된다.

과거의 이야기를 기꺼이 들려주는 유일한 이유는 그 일화가 노예처럼 예속된 거짓 예배에서 죄인을 구원해주시는 하나님이 왜 필요한지 보여주기 때문이다. 이것이 성경이 실제로 전하는 이야기다. 인류에게 귀감이 될 정도로 덕망 높은 성공한 사람의 이야기도 아니고, 비극적 최후를 맞는 악당에 대한 사례 연구도 아니다. 성경의 이야기는 온갖 어려움에도 자기 백성의 삶에 개입하셔서 그들을 건져주시고 망가진 관계를 회복해주시는 의로운 하나님을 전한다. 이와 다른 이야기는 예수님이 인간 역사를 통해 계속 이어가고 계시는 거대한 이야기와 전혀 상관이 없다.

자녀를 용서하지 못할 때 우리는 복음을 다시 경험해야 한다

오래전 한 친구는 우리 세계에 개입하시는 예수님을 전하는 일에서 말이 얼마나 중요한 역할을 하는지 이야기해주었다. 그와 나눈 대화를 계기로 우리 부부가 자녀들에게 예수님을 제대로 알리고 있는지 의문이 들었다. 이렇게 의심이 생기면 질문을 던져야 한다. 어느 주일 점심에 함께 식사하면서 말이 중요하다는 주제로 대화를 나누던 중 나는 이렇게 질문했다. "엄마 아빠가 너희와 대화하면서 예수님이 어떤 분인지 알려줄 때 어떤 면이 가장 도움이 되는 것 같니?"

아이들은 우리가 친절하게 대해주고 공감을 표현해주며 사랑을 표현할 때 느낀 감정을 이야기해주었다. 그러다가 캐시가 이렇게 덧붙였다. "우리를 용서해주실 때 예수님을 제대로 이해할 수 있었어요… 엄마가 늘 그러시는 것처럼요." 그러고는 나를 보더니 "아빠는 엄마처럼 그렇게 하시지 못해요"라고 말했다.

나는 고개를 끄덕였다. "그래. 네 말이 맞아. 엄마는 아빠보다 훨씬 더 용서를 잘하지. 이렇게 해서 자연스럽게 아빠가 묻고 싶었던 두 번째 질문을 할 수 있게 되어 정말 기뻐. 그럼 너희 셋은 그리스도를 전할 때 아빠 엄마가 좀 더 잘 했으면 하는 부분은 무엇이라고 생각하니?"

아이들은 마치 기다렸다는 듯이 샐리와 내가 더 나은 부모가 되는 데 도움이 될 조언을 해주었다. 유익한 대화 시간이었다. 하지만 우리가 아이들을 양육할 때 오히려 부작용을 일으킬 위험도 숨어 있었다. 복음을 무시하고 "아빠, 용서하려고 더 애써보세요"와 같은 아이들의 말을 도덕적 훈계로 삼을 위험성이 있었다.

지금 나에게 용서할 수 있는 능력이 더 필요한가? 당연하다. 그러나 나를 구속하신 주님과 상관없이 이 능력이 성장할 수 있는가? 당연히 불가능하다. 도덕주의의 한계를 벗어나려면 먼저 그리스도와 연결되어야 한다. 내가 다른 사람을 용서하기 어려운 이유는 용서받은 경험이 없거나 용서받는 것이 무엇인지 제대로 이해하지 못했기 때문이다. 이런 경험이나 이해가 있다면 그리스도의 용서하시는 사랑이 나를 통해 자녀에게로 더 자연스럽게 흘러갔을 것이다.

그렇다고 아이들에게 실망해서 속이 상할 때 화를 내거나 차갑게 대해도 된다는 뜻은 아니다. 아이들을 용서하지 않고 냉담하고 쌀쌀맞게 구는 내 모습을 통해, 죽으시고 부활하심으로 나의 죄를 해결해주신 하나님이 얼마나 필요한지를 깨달아야 한다.

아이들을 냉담하게 대할 때 나는 무슨 일을 하는 것인가? 관계를 단절해서 그들이 저지른 일에 대한 대가를 치르도록 만드는 것이다. 그 순간 용서가 가장 필요한 사람은 아이들이 아니다. 하나님의 용서하심이 가장 필요한 사람은 바로 나다. 그때 나는 그들의 세계에 뛰어들어 내가 용서받은 대로 용서하려 하지 않는 것이다. 오히려 그토록 기쁘게 받았던 바로 그것을 아이들에게 전해주기를 거부하고 있는 것이다.

이 말은 나의 완악한 마음을 다시 하나님께 용서받아야 하고, 나에게 베푸신 그분의 끝없는 은혜와 나를 향한 헌신적 사랑에 다시 감사하고 감격해야 한다는 뜻이다. 그 어떤 것도 나를 그분의 사랑에서 끊을 수 없다는 사실을 다시 경험해야 한다(롬 8:31-38). 가족을 향한 나의 냉담함도 그 사랑에서 끊을 수 없다. 그분과 교제하며 용서를 받으면 변화가 일어난다. 내가 얼마나 큰 죄를 용서받았는지 알수록 더욱 기꺼이 다른 사람을 용서하게 된다. 여전히 갈 길이 멀다는 지적을 더욱 겸허히 받아들이게 된다.

그날 가족이 다 함께 식탁에 둘러앉아 그런 대화를 나눈 것은 하나님의 은혜가 아니고는 설명할 수 없다. 나는 그때까지 건설적인 비판이라는 말은 일종의 형용 모순이라고 여겼다. 건설적이든 비판적이든 둘 중 하나지, 건설적이면서 비판적이 될 수는 없다고 생각했다. 나의 가치와 개인적 정체성을 공적과 업적을 근거로 형성했기 때문에 나를 향해 비판적이거나 부정적으로 말하는 것 자체를 견딜 수가 없었다. 부모로서 완전히 실격이나 마찬가지라는 생각이 들었다.

그렇게 폐쇄적이고 방어적인 내가 어떻게 자녀들에게서 "맞아요. 아빠는 때로 아빠로서 전혀 어울리지 않는 모습을 보여줄 때가 있어요"와 같은 지적을 기꺼이 받아들일 수 있게 되었는가? 이런 일은 그 무엇도 우리를 하나님의 사랑에서 끊을 수 없다는 사실을 확인할 때 가능하다. 나를 변화시킨 것 그리고 지금도 계속 나를 변화시키는 것은 아버지 되신 하나님이 자녀인 나에게 들려주시는 말씀이다.

하나님의 말씀은 그분의 마음을 이해하는 데 도움이 된다. 내가 그분 앞에서 절대적으로 안전하다는 사실을 확인하게 해준다. 하나님이 나의 든든한 배경이 되어주시기 때문에 내 평판이 세상의 평가에 좌우되지 않음을 깨닫게 해준다. 지금까지 상상했던 것 이상으로 내가 놀라운 사랑을 받고 있음을 알려준다. 그분이 지금 내 안에서 일하고 계시고, 내가 그리스도처럼 성결하고 완전해질 때까지 그 일을 멈추지 않으신다는 사실도 가르쳐준다. 그뿐만 아니라 그동안 내가 저질렀던 모든 죄를 대신 져주시고 죄의 대가를 대신 해결해주셨음을 알게 해준다. 지금 이 순간 하나님이 나를 향해 진노를 발하지 않으시고, 나를 사랑하시며, 나와 친구가 되어주심을 알려준다.

하나님이 말씀하시는 진리가 내 영혼 깊숙이 스며들 때, 그동안 내가 보인 태도와 생각과 행동에 대해 두려움 없이 털어놓을 수 있다. 이런 대화의 목적은 나를 미화하는 것이 아니다. 하나님의 사랑과 은혜를 더욱 분명하게 확인하고 마음을 열게 하는 것이 그 목적이다. 자녀는 부모에게서 동일한 사실을 확인할 수 있어야 한다. 특히 부모가 자녀의 잘못을 솔직하게 지적하는 순간에도 하나님처럼 변함없이 사랑한다는 사실을 확실히 알려주어야 한다.

30장
자녀의 실수를 당연하게 받아들이라

자녀들 중 적어도 한 명은 매일 크고 작은 사고를 치기 때문에 확실하게 잘못을 지적하고 타이르는 일은 부모의 당연한 일과다. 아직 준비가 되어 있지 않다고 생각할지 모르지만 자녀의 잘못을 따끔하게 지적해야 할 때가 있다.

- 또다시 온수 저장고의 물을 다 사용해버렸을 때.
- 입에 한 번도 담아본 적 없을 뿐 아니라 절대 사용해서는 안 되는 말 혹은 그보다 훨씬 더 심각한 말을 어린 동생에게 가르치고 있을 때.
- 인터넷으로 절대 봐서는 안 되는 것을 검색했을 때.

다시 말해서 자녀가 매일 자기 자신이나 다른 사람에게 문제를 일으키기 때문에 날마다 그에 적당한 말을 해야 한다는 것이다.

그러나 어떤 날에는 더 이상 말씨름하며 실랑이를 벌이고 싶지 않은 마음이 간절한 때가 있다. 똑같은 말을 되풀이했는데 들은 체도 안 하는 상황에 진저리가 나는 경우도 있다. 혼란스러워서 무슨 말을 해야 할지 아득하게 느껴지는 날도 있다. 그러다가 별로 좋지 않은 말을 뱉을 것 같은 때도 있다. 그럴 때 우리는 어떻게 해야 하는가?

바로 이때 우리와 우리 아이들은 지극히 정상이고, 오히려 하나님이 예외적인 분이라는 사실을 기억해내야 한다. 히브리서 5장 1-3절은 바로 그 지점에서 우리와 만난다.

> 대제사장마다 사람 가운데서 택한 자이므로 하나님께 속한 일에 사람을 위하여 예물과 속죄하는 제사를 드리게 하나니 그가 무식하고 미혹된 자를 능히 용납할 수 있는 것은 자기도 연약에 휩싸여 있음이라 그러므로 백성을 위하여 속죄제를 드림과 같이 또한 자신을 위하여도 드리는 것이 마땅하니라.

구약의 제사장들이 일반 백성과 하등 다를 바 없는 존재라는 사실, 즉 약점이 많은 존재였다는 점을 주의해서 보라. 여기서

"연약"으로 번역된 헬라어는 의미가 아주 강한 단어다. 이 단어는 가령 죄의 유혹을 받을 때나 어려움을 겪을 때 쉽게 굴복하고 마는 인간의 기본적인 상태를 가리킨다.

이렇게 연약함에 굴복할 수밖에 없는 경험 때문에 제사장은 백성의 약함을 공감하고 중보할 수 있다. 제사장들은 성결하게 살기가 얼마나 어려운지 안다. 그들 역시 연약한 인간이므로 율법을 온전히 준수하는 것이 얼마나 어려운지 알고 있다.

그들은 또한 자기 자신을 위해 속죄제를 드려야 한다는 사실을 알고 있다(히 5:3). 백성을 위해 속죄제를 드리듯이 그들 역시 속죄제가 필요한 연약한 죄인이다. 자신에게 이런 연약함이 있음을 알기에 연약한 이들을 무시하거나 조롱하지 않을 수 있다. 연약함을 매일 경험하고 살기 때문에 다른 사람들을 연민의 마음으로 바라볼 수 있다.

이상하게도 단순한 인간 제사장들에게 해당되는 내용이 하나님이자 인간이신 제사장께도 부분적으로 적용된다. "연약"이라는 단어는 몇 절 앞인 히브리서 4장 15절에서 사용되었다. 이 절은 예수님에 대해 이렇게 말한다. "우리에게 있는 대제사장은 우리의 연약함(5:2과 같은 단어)을 동정하지 못하실 이가 아니요 모든 일에 우리와 똑같이 시험을 받으신 이로되 죄는 없으시니라."

예수님은 인간적 연약함을 지닌 채 살아가는 것이 얼마나 고되고 힘든지 정확히 아시고 우리 연약함을 공감해주시는 분이다.

이 땅에서 30년 이상을 살다 가신 이유도 여기에 있다. 십자가 형벌을 받을 때만 잠시 이 땅에 내려오셔도 되는데 그 길을 택하지 않으신 이유가 궁금하지 않는가? 우리 죄를 위해 대신 죽으시는 것만이 이 땅에 오신 목적의 전부라면, 왜 이 땅에 평범한 인간의 몸으로 태어나시고 인간으로서 겪어야 하는 모든 성장 과정과 삶의 고통을 경험하셨다는 말인가?

예수님은 인간의 삶이 얼마나 고달픈지 경험하심으로 그들이 처한 삶의 상태를 아셔야 했다. 그래야 죽은 자 가운데서 부활하신 후 우리를 위한 온전한 대제사장이 되실 수 있었다.

예수님이 인간으로 사는 삶이 얼마나 고된지 모르셨다면 우리는 이렇게 생각하고 싶은 유혹을 받았을지도 모른다. '좋아. 그런데 하나님은 인간으로 사는 것이 어떤지 직접 겪어보지 않으셨잖아. 그러니 이 땅에 살면서 옳은 일을 행하며 사는 게 얼마나 힘든지 모르실 거야. 인간이 겪는 연약함이 어떤 것인지 모르는 분께 내가 무엇을 기대할 수 있겠어. 그분은 결국 사람에게 질리셔서 그런 수고를 감당할 가치가 없다고 생각하실 거야.'

예수님은 인간으로 살아가는 것이 얼마나 어려운지 잘 아신다. 그러므로 우리는 절대 이렇게 생각할 필요가 없다. 예수님은 연약함으로 씨름하는 우리를 깔보거나 조롱하지 않으신다. 예수님은 이미 그 삶을 살아보셨으므로 우리의 마음을 공감해주신다(공감한다는 의미가 바로 이것이다). 그분은 우리와 정확히 같은 인생을 경험하지는 않으셨다. 하지만 30년 넘게 이 땅에 사셨기 때문에 우리가 경험한 모든 유혹을 낱낱이 경험하셨다.

- 시작부터 중간 과정과 마무리까지 제대로 소통이 되지 않는 대화가 얼마나 좌절감을 주는지 알고 계신다.
- 상대방이 내가 하는 말을 제대로 듣고 있는지 건성으로 듣고 있는지 알 수 없어 답답한 마음을 알고 계신다.
- 이전에도 수십 번이나 같은 대화를 되풀이했지만 상대방이 여전히 알아듣지 못하고 엉뚱한 소리를 할 때 느끼는 좌절감을 알고 계신다.
- 서둘러 대화를 마무리하고 싶어서 건성으로 대충 이해하는 척 넘어가고 싶은 마음을 아신다.
- 강조하고자 하는 핵심을 우겨서라도 받아들이게 하고 싶지만, 해야 하는 말을 절반도 하지 않거나 그냥 다 포기하고 외면하고 싶은 마음을 이해하신다.

예수님은 모든 면에서 우리와 똑같은 경험을 하셨고 우리와 똑같은 유혹을 받으셨다. 여기서 더 놀라운 점은 무엇인가? 이런 경험을 하셨는데도 마음이 완악해지거나 완고해지지 않으셨다는 것이다. 하지만 주님은 절대 우리에게 이런 식으로 말씀하지 않으신다. "봐라. 나는 다 해냈다. 어려운 일이지만 나는 성공했어. 그러니 너도 배짱 좋게 해보란 말이야." 오히려 그분은 우리 연약함을 이해하시고 공감해주신다. 우리가 어떤 심정인지 아시기 때문에 우리가 구할 때 도와주실 수 있다(히 4:16). 모든 인간 제사장이 마땅히 그래야 하는 것처럼 그분은 우리를 따뜻한 시선으로 바라봐주신다(히 5:2).

예수님은 우리를 구속하시고 그분처럼 다른 사람들을 섬기게 하셨다
그런 다음 예수님은 우리를 돌아보시며 그분과 같은 제사장으로 삼아주신다. 하나님의 보좌 앞에 있는 천상의 존재들이 주를 찬양하는 한 가지 이유가 바로 이것이다. 요한계시록 5장 9-10절에서 그들이 부르는 찬양을 들어보라.

> 그들이 새 노래를 불러 이르되 두루마리를 가지시고 그 인봉을 떼기에 합당하시도다 일찍이 죽임을 당하사 각 족속과 방언과 백성과 나라 가운데에서 사람들을 피로 사서 하나님께 드리시고 그들로 우리 하나님 앞에서 나라와 제사장들을 삼으셨으니 그들이 땅에서 왕 노릇 하리로다 하더라.

예수님은 자신의 피로 우리를 사시고 하나님을 섬기는 제사장으로 삼으셨다. 이제 우리가 제사장이 되었다. 이제 우리는 예수님이 우리를 섬기신 것처럼 제사장으로서 사람들을 섬겨야 한다.

예수님이 우리와 교제하시듯이 사람들, 특별히 우리 자녀와 소통해야 한다.

히브리서 5장 2절은 우리가 어떻게 대화를 나누어야 할지 그 모델을 보여준다. 무지하고 엇나가는 사람들을 온유하고 긍휼한 마음으로 대하라는 것이다. 이 구절은 예수님을 예표하는 대제사장을 묘사한다. 예수님은 바로 이런 대제사장이므로 우리를 그분과 같은 제사장으로 만들어주실 것이다.

달리 말하면, 우리는 사람들이 무지하고 엇나간다 해도 놀라지 않는 법을 배워야 한다. 오히려 그런 모습이 당연하다고 예상해야 한다. 인간의 본래적 상태가 이러함을 우리는 안다. 그리스도인들이나 우리 자녀들은 물론이고 모든 인간은 무지하며 엇나가는 존재다.

때로 사람들은 자신이 악한 일을 하고 있는지 자각조차 하지 못할 때가 있다. 무지하고 우둔하다. 때때로 자각한다 해도 결국 악하게 행동하고 만다. 의도적으로 엇나가는 것이다.

인류의 문제는 무지하며 스스로 옳다고 여기는 길로 엇나간다는 것으로 요약할 수 있다. 이런 상태는 하나님의 거룩하심과 충돌하기 때문에 하나님을 아는 일에 방해가 된다. 한 사람의 무지함과 완고함은 다른 모든 이의 무지함과 완고함과 충돌할 수밖에 없기 때문에 소통을 방해한다. 오늘 누구와 만나서 대화하든 그들도 예외가 아니다. 모든 인간이 무지하며 엇나가는 성향을 지니고 있다.

우리 친구들은 무지하고 완고하다. 배우자도 무지하고 완고하다. 이웃들도 무지하고 완고하다. 동료들도 무지하고 완고하며 우리 역시 무지하고 완고하다. 우리의 자녀도 예외가 아니다.

이것이 인간의 실체다. 하지만 모든 사람이 자신에게는 이 사실이 해당되지 않는다고 생각한다. 우리는 무지하거나 완고하지 않은 사람들과 관계를 맺고 싶어 한다. 상대방이 나를 배려하고 나는 상대방을 배려하지 않아도 되는 관계를 원한다.

어느 날 가족 중의 누군가가 짜증이 나서 불쑥 이렇게 투덜거렸다. "쟤는 왜 저렇게 성가시게 굴어?" 그때 집에는 가족 세 명과 고양이 한 마리가 있었고 성가시게 구는 '쟤'는 우리 중 누구라도 해당될 수 있었다.

우리가 이런 존재다. 이렇게 태어났다. 이런 점은 우리와 함께 살아야 하는 이들에게는 괴로운 일이 아닐 수 없다. 그러나 인간이 이렇게 짜증스럽고 성가신 존재라고 예상하지 못한 경우에는 그 짜증이 더욱 배가된다.

그때 짜증을 내며 투덜거린 그 사람은 바로 이런 말을 하고 있는 셈이었다. 그의 생각에 성가시고 짜증스럽게 하는 그 사람은 절대 그런 행동을 하면 안 되었다. 함께 어울리기에 편안하고 사려 깊게 행동해야 했다. 짜증을 일으키지 말아야 했다. 그렇게 짜증을 내는 사람은 상대방이 함께 어울리기 어렵고 힘들게 할 것이라고 예상하지 않았기 때문에 "쟤는 왜 그렇게 성가시게 굴어"라고 말할 수 있었던 것이다.

그 순간 짜증스럽다고 말한 이는 다른 가족이 무지하고 엇나가는 존재임을 예상하지 못했으므로 제사장의 마음으로 말하지 않은 것이다.

누군가를 짜증스럽게 하는 순간 우리에게는 무엇이 필요한가? 우리는 예수님이 보혈로 사신 제사장 중 한 사람이 필요하다. 예수님이 이미 단번에 우리를 위해 제사를 드리셨으므로 우리를 위해 희생 제물을 드릴 사람은 필요하지 않다. 우리에게는 짜증스러운 순간에 상처를 주는 말이 아니라 도움이 될 말로 개입해줄 사람이 필요하다. 연약하고 죄를 짓기 쉬운 우리에게 개입하여 더 나은 방향으로 나아가도록 이끌어줄 사람이 필요하다. 그리스도가 피 흘리셔서 우리에게 선물로 주신 것이 바로 이것이다. 주변 사람들 때문에 괴로울 때 그리스도가 우리에게 바로 이런 일을 해주신 것이다.

그런데 사람들이 당연히 무지하고 엇나갈 것이라고 예상하지 않는다면 그런 제사장 역할은 하기 어렵다. 내가 아는 한 엔지니어는 집안 살림이 고장 났을 때 놀라울 정도로 인내심을 발휘한다. 그는 고장이 난 기기를 분해해서 문제를 찾아내 고치고 다시 조립해 말끔하게 원상태로 돌려놓는다. 기계나 물건에 대해서는 놀랍도록 인내심을 발휘하는 그는 정작 한집에 사는 가족에게는 인내심을 거의 보여주지 않는다. 이와 비슷한 부류의 한 지인은 자신을 변호하기 위해 이렇게 말했다. "기계에는 제대로 작동하리라는 기대를 하지 않기 때문이야. 하지만 사람들에게는 제대로 행동하기를 기대하는 게 당연하잖아."

사람들이 제대로 행동할 것이라고 기대한다면 절대 제사장 역할을 할 수 없다. 사람들이 무지하고 엇나가도 된다고 말하는 것이 아니다. 그런 모습은 옳지 않다. 거룩한 하나님의 자녀들은 이렇게 행동해서는 안 된다. 그러나 그렇게 행동한다고 해서 놀랍지는 않다. 어쩌면 당연한 일이기 때문이다.

주님이 피로 값 주고 사신 제사장인 우리는 사람들이 엇나갈 때조차 그들과 여전히 소통하고 그들에게 개입하기를 원한다는 메시지를 전달해야 한다. 어떤 면에서 자녀 양육은 우리 방식을 고집하지 않고 그들의 실수와 잘못을 너그러이 용서하고 받아주겠다고 알려주는 것으로 이루어진다. 그 문제를 엄하게 다루겠다는 메시지를 준다고 해서 그들이 더 이상 문제를 일으키지 않는 것은 아니다. 그렇게 하면 자녀에게 있는 문제를 제대로 파악할 수 없을 뿐이다.

팀이 유치원에 다닐 때 일어났던 일이다. 어느 겨울 날 팀은 친구의 집에서 얼음 덩어리를 함께 깨뜨리며 놀았던 이야기를 해주었다. 그는 "더러운 흙이 묻어 있었지만 얼음을 조금 먹었어요"라고 말하더니 바로 이렇게 덧붙였다. "하지만 얼음에 묻은 흙은 하나도 먹지 않았어요." 그 나이 또래에서 뒷마당에 나가 더러운 얼음을 몰래 먹는 것은 일종의 모험이자 놀이였다.

바로 그날 캐시는 1학년 수업을 마치고 집으로 와서 학교 책상 서랍에 주머니칼을 숨겨두었다가 들켰다고 말했다. 그리고 그 칼은 내 가방에서 훔친 것이라고 이야기했다. 이때는 9.11 테러 사건이 일어난 지 불과 2년이 되지 않았던 때라 학교에서는 이런 실수를 그냥 두고 넘어갈 수가 없었다.

저녁 식탁에서 나는 충돌하는 두 세계에 개입해야 했다. 팀은 허락 없이 더러운 얼음을 먹었고, 캐시는 허락 없이 위험한 무기를 소지했다. 나는 똑같이 침착하게 이들의 세계에 귀를 기울였다.

침착하다고 냉담하게 굴었다는 의미는 아니다. 우리는 캐시의 상황을 심각하게 보고 대화를 나누었다. 이때 아이들에게 "네 문제가 무엇인지 듣고 싶구나. 너를 혼내려고 하는 것은 아니야"라고 말하며 내 의도를 제대로 알려주었다. 사람들이 무지하고 엇나갈 때 제대로 반응하지 않는다면 그들은 계속해서 무지하고 엇나가는 상태에서 벗어나지 못할 것이다.

캐시는 몇 주 후 주머니칼 사건으로 내가 고함을 지르거나 혼내지 않아서 놀랐다고 말해주었다. 캐시의 말에 나는 "아빠가 고함을 지르고 화를 냈다면 도움이 되었겠니?"라고 물었다. 나의 목표는 가족이 사고를 치더라도 무사히 수습하도록 돕는 것이다. 이런 반응은 그들이 말썽 부리는 것을 당연하게 여길 때 가능하다. 무지하고 엇나가리라는 것을 예상해야 한다는 말이다.

제사장은 자신과 다른 사람들을 위해 복음을 전할 기회를 찾는다

사람들이 억지로 예수님을 원하게 만들 수는 없다. 하지만 무지하고 엇나가는 순간은 절호의 기회다. 주님이 아니면 제대로 인생을 살 수 없음을 명확히 확인하는 순간이기 때문이다. 그때 자녀에게는 다시 그리스도께로 돌아가도록 진심으로 이끌어줄 사람이 필요하다. 그때가 바로 자녀에게 제사장으로서 우리가 필요한 순간이다.

문제가 저절로 해결되는 요행을 바라서는 안 된다. 그런 순간들과 맞닥뜨릴 때 한숨을 쉬거나 짜증을 내거나 놀란 얼굴을 보여서도 안 된다. 그렇게 개입하고 잘못을 지적할 필요가 없도록 말썽을 부리지 않는 아이가 되기를 바라서도 안 된다. 바리새인처럼 말쑥한 아이들을 기르고 싶다는 기대 따위는 버려야 한다. 바리새인은 겉으로는 완벽해 보였지만 속에는 심각한 문제를 안고 있었다.

예수님은 안락한 생활을 꿈꾸며 헛되이 시간을 허비하라고 우리를 보혈로 사신 것이 아니다. 이런 인생은 주변 사람들에게 전혀 쓸모가 없다. 예수님이 우리를 보혈로 사신 이유는 무지하며 엇나가는 사람들을 사랑으로 섬길 제사장으로 삼으시기 위해서다.

사람들이 문제를 일으킬 때 대화로 개입하기가 내키지 않고, 그들이 하나님과 관계를 회복하도록 도와주고 싶은 마음이 생기지 않을 수 있다. 이때 우리 역시 그들처럼 도움이 필요하다는 사실을 기억해야 한다. 그런 순간에는 주님이 우리를 피 흘려 사신 삶을 살지 못하고 무지하고 엇나가는 상태에 있으므로 우리에게 또다시 그분의 속죄제가 필요하다.

좋은 소식은 주님이 여전히 우리를 사랑으로 대해주신다는 것이다. 우리를 위해 더 나은 계획을 준비해두셨으므로 우리가 자포자기한 상태로 살아가도록 방치하지 않으실 것이다. 주님이 우리를 온유와 사랑으로 대해주셔서 우리도 사람들을 그렇게 섬길 수 있게 되었음을 믿으라.

더 이상 대화하고 싶지 않은 마음이 들 때 그분의 도우심을 구하라. 대화하기 싫고 외면하고 싶은 완악한 마음을 용서해달라고 기도하라. 사랑이 절실히 필요한 아이를 사랑할 수 있게 해달라고 간구하라. 자녀가 하나님의 사랑을 경험할 수 있게 말하는 법을 가르쳐달라고 구하라.

31장

덧붙이는 이야기: 직선타를 진짜 잡아낸 게 맞니?

어느 날 저녁 둘째 팀이 저지른 사고를 수습하기 위해 도움이 필요했다.

팀은 토너먼트 야구 경기에 출전해서 중견수로 뛰었다. 그런데 경기 중 직선타가 머리 위로 멀리 날아가는 위기를 맞았다. '어, 저러면 안 되는데'라고 생각하면서 나는 그가 공을 잡으러 총알같이 달려가리라 잔뜩 기대했다. 그런데 팀은 바닥에 굴러 넘어지더니 벌떡 일어나서 팔을 공중으로 뻗어 공을 낚아채고 다시 넘어졌다.

경기를 관람하던 부모들은 흥분했다. 심판은 '아웃' 신호를 보냈다. 그 이닝이 끝나고 소년들은 필드에서 퇴장했다.

그러나 상대 팀이 심판의 판단에 이의를 제기했다. 팀이 바닥에서 일어설 때 글러브를 낀 손을 어색하게 움직였고, 그가 공을 바닥에 떨어뜨렸다고 주장했다.

심판은 최초의 판정을 고수하지 않고 그 책임을 열 살짜리 소년에게 떠넘겼다. 그는 외야수 뒤편에 있었기 때문에 필드 중앙에서 멀리 떨어져 있었으므로 전체 경기를 정확하게 보지 못했다. 그래서 그는 팀에게 가서 공을 정말 잡았느냐고 물었다.

접전을 치른 열 명의 동료 선수와 세 명의 코치에게 둘러싸인 팀은 "네"라고 대답했다. 그러나 나는 팀의 말이 사실인지 확신이 서지 않았다. 나는 외야수와 훨씬 더 가까운 곳에 있었는데 그가 급하게 무엇인가를 글러브로 다시 잡는 것을 본 것 같았다.

경기가 끝난 후 나는 함께 차를 타러 가면서 그의 활약상을 칭찬해주었다. 특별히 직선타를 아웃시킨 것을 칭찬했다. 설령 공을 떨어뜨렸다 해도 놀라운 수준의 수비를 펼친 것은 분명했다. 허리를 숙이고 그의 눈을 똑바로 보며 나는 "한 가지 말해주렴. 정말 그 공을 잡아냈니? 아니면 놓쳤니?"

"진짜로 잡았어요."

"그래." 나는 그의 말에 여전히 의구심을 품은 채 "하지만 내 말을 들어보렴. 네가 잘못을 저질렀어도, 가령 공을 잡았다고 거짓말을 했어도 사실대로 털어놓아도 돼. 그래도 괜찮다는 사실을 꼭 알려주고 싶어. 알겠지?"라고 말했다.

"알았어요." 그는 대답했다.

나는 그것으로 그 일이 일단락되었다고 생각했다. 집에 도착하자 팀은 누나와 함께 내내 나를 따라다니며 놀았다. 정원에 물을 주고 집 안을 이곳저곳 살핀 후 내 서재로 가서 컴퓨터를 켤 때까지 둘은 나를 졸졸 따라다녔다. 마침내 캐시가 간식을 먹겠다고 부엌으로 가자 팀이 말했다. "아빠, 무슨 말이든 해도 된다고 말씀하셨잖아요?"

"그래, 그랬지." 나는 대답했다.

눈물이 그렁그렁한 눈으로 팀은 공이 땅에 닿기 전에 잡았지만 글러브가 손에서 미끄러져 벗겨졌던 상황을 이야기해주었다. 정말 엄청난 직선타였다. 그를 둘러싸고 어떤 소동이 벌어졌는지도 전해주었다. 그의 팀원들은 정말 멋지게 직선타를 잡아냈다고 입을 모아 칭찬해주었다. 상대 팀은 공을 놓쳤다고 소리 지르고 있었고, 심판은 그에게 사실을 확인하려 다그치듯 물었다. 그의 코치는 대답하지 말라고 덩달아 소리 질렀다.

그 순간 그는 사람들이 멋지게 수비를 해냈다고 인정해주기만을 바랐다. 그래서 내적, 외적으로 온갖 압박을 받으며 그는 스스로도 믿지 않는데도 그들이 듣고 싶어 하는 말을 해주었다. 그러나 곧바로 거짓말을 했다는 사실에 큰 양심의 가책이 밀려왔다. 거짓말했다는 자책감으로 괴로웠다. 그의 팀은 이길 자격이 없다는 생각이 들었고 제발 경기에서 지기를 마음속으로 빌었다.

나는 팀이 하는 말을 묵묵히 듣고만 있었다. 하지만 공을 잡았을 때보다 훨씬 더 자랑스러웠다. 누군가에게 들켜서 어쩔 수 없이 잘못을 털어놓고 있는 것이 아니었다. 오히려 정반대였다. 원하는 판정을 받았지만 마음의 가책을 느꼈다. 그의 양심은 완고해지는커녕 하나님이 원래 만드신 대로 작동하고 있었다. 그리고 이제 용기를 내어 사실을 털어놓으며 본연의 모습을 찾아가고 있었다. 적어도 소속 팀 앞에서 사실대로 털어놓을 때 못지않게 용기가 필요한 일이었다.

그러나 자신이 거짓말했다고 인정하는 위험을 무릅써야 한다고 생각하기까지는 일종의 초청이 필요했다. 팀은 이렇게 말했다. "아빠가 언제라도 속에 있는 이야기를 해도 된다고 말해주시지 않았다면 이렇게 용기를 낼 수 없었을 거예요. 집으로 오는 내내 아빠가 하신 말씀을 생각했어요. 그래서 이렇게 말할 수 있었어요." 그는 사실을 털어놓도록 초청해주어서 감사하다고 말했고, 화를 내거나 혼내지 않아서 안도감이 들었다고 했다.

나는 어떻게 아이에게 안도감을 줄 수 있었을까? 최근에 사람들이 내 이야기에 재미를 느끼고 호응하도록 이야기를 보태고 사실을 과장했던 일을 들려주었다. 하나님이 내가 하는 이야기를 좋아하실지보다 사람들을 웃기는 것을 더 중시했다는 사실을 깨달았던 과정을 들려주었다. 그 이야기가 과장되었다는 것을 사람들은 알아차리지 못했다. 하지만 시간이 조금 지나자 나 자신이 혐오스러워졌다. 나는 팀과 내가 조금도 다를 바가 없다고 이야기해주었다.

그러고 나서 우리는 함께 예수님께 용서해달라고 기도했다. 나아가 은밀한 비밀을 꽁꽁 감추었을지도 모를 마음속의 그늘지고 어두운 구석을 드러내주신 하나님의 일하심에 감사를 드렸다.

하나님의 은혜를 알고 경험한다는 것은, 자녀나 배우자, 친구나 동료 등 우리가 아는 모든 사람이 곤란한 일을 당할 수 있음을 의미한다. 그러지 않으면 하나님의 사랑의 깊이와 풍성함을 어떻게 알겠는가?(롬 11:32) 우리는 이런 상황을 통해 하나님의 자비와 은혜가 어떤 것인지 경험한다.

자녀가 완벽해지는 것을 목표로 삼지 말라. 대신 그들이 불완전함을 통해 완전한 사랑을 경험할 수 있도록 노력하라. 그런 사랑이 어떠한 것인지 맛볼수록 자녀는 하나님이 해주실 일을 기대하게 될 것이다. 아이가 말썽을 부리거나 문제를 일으킬 때 놀라서 물러서지 말라. 그들을 포용해서 그 순간을 적극적으로 받아들이겠다는 마음을 표현하라.

32장
용서하는 삶을 진정으로 바라는 이유

이 세상에서 우리가 감당해야 하는 인생의 비극을 하나 꼽는다면 자녀가 우리에게 죄를 짓고 우리가 자녀에게 죄를 짓는다는 것이다. 이 현실은 그들과 지속적인 관계를 맺어갈 수 있다는 희망을 잃지 않으려면 용서가 필수라는 사실을 알려준다.

그러나 슬프게도 용서하기란 결코 쉽지 않다. 용서에는 대가가 따른다. 누군가가 우리 인생에 안겨준 고통만큼 대가를 치르게 하고 싶다는 본능을 내려놓아야 한다. 실제로 용서보다는 어르거나 무시하거나 회피하거나 화를 내거나 계속 원망하거나 참회를 요구하는 식의 다른 방법이 훨씬 흔하게 동원된다. 이런 방법으로 잘못을 저지른 장본인이 대가를 치르도록 몰아갈 수 있다. 당신과 자녀 모두 완전히 대가를 치르는 것이 불가능함을 알면서도 결국 어떤 식으로라도 대가를 치르게 하려는 것이다.

용서가 얼마나 어려운지 직접 경험한 사람이라면, 하나님께서는 용서가 훨씬 어려울 것이기에 그분을 찬양해야 한다고 생각할 것이다. 하지만 현실은 정반대다. 우리는 은연중에 그분은 하나님이시므로 당연히 더 쉽게 용서하실 수 있을 것이라 믿는다. 이런 오해는 하나님의 용서를 당연하게 여기는 결과로 나타난다. 하나님은 우리와 같은 인간과 다르다고 생각하고, 직접 당사자인 우리와 달리 이 세상에 개인적으로 큰 관심이 없으신 분처럼 여긴다.

나는 지금까지 10년이 넘게 집을 수리하고 있다. 대저택이어서가 아니다. 이사하기 전에 집 상태가 그만큼 좋지 않았기 때문이다. 지금 이 순간까지도 이 작업은 여전히 진행 중이다. 그동안 해낸 일들만 해도 스스로 자랑스럽고 대견하다. 그렇지만 약간 나 자신을 방어하는 측면도 강하다. 그동안 아이들은 페인트칠한 벽에 흠을 내고 낙서를 하거나, 바닥에 자국을 내거나, 문을 세게 닫거나, 화단을 밟고 뛰어다니면 아빠가 불같이 화를 낸다는 것을 수없이 경험했다. 아이들은 자신이 무슨 짓을 하는지 정말 몰랐던 것일까? 이렇게 멋지게 집을 가꾸기까지 얼마나 오래 공을 들였는지 알지 못한다는 말인가?

아이들이 이렇게 집을 망가뜨리는 일이 두세 번으로도 모자라 그 이상으로 반복될 때마다 특별히 견디기가 어려웠다. 소리를 지르거나 투덜거리기도 하고 혼자 화를 삭이거나 아무와도 말을 섞지 않고 자기 연민에 빠져 침울하게 여기저기를 서성거리기도 했다.

수년 동안 내가 정성을 기울여 가꾼 공간은 이 세상에서 아주 작은 크기에 불과하다. 수십억 년을 광활한 우주에 정성을 들여 나의 영광을 대변할 가시적 공간을 창조했는데 자녀들이 고의로 그곳을 엉망으로 만들고 있다면 어떤 기분이 들겠는가? 오랫동안 공을 들여가며 원하는 것을 만들기 위해 애를 쓴 경우들을 떠올려보라. 누군가가 그것을 망치고 있다면 그가 한 짓을 용서하기가 쉬울지 생각해보라. 그런 사람과 계속 관계를 유지하고 싶을지 숙고해보라.

우리 죄를 가볍게 생각하거나 하나님께 말로만 용서해달라고 구한다면, 그것은 용서가 하나님께 더 쉬운 일이라고 생각하기 때문일 것이다. 하지만 조금만 생각해보아도 사실 훨씬 더 어려운 일임을 알 수 있다. 그렇다면 하나님은 왜 우리를 용서하시는데 따르는 대가를 스스로 지시기로 선택하신 것일까? 시편 32편 1-2절에서 그 단서를 얻을 수 있다.

> 허물의 사함을 받고 자신의 죄가 가려진 자는 복이 있도다
> 마음에 간사함이 없고 여호와께 정죄를 당하지 아니하는
> 자는 복이 있도다.

누군가를 용서하는 이유는 무엇인가? 용서받은 사람이 복을 받기 때문이다. 하나님이 우리 죄를 정죄하시고 일일이 갚으신다면 어떻게 될지 상상해보라. 그동안 우리가 저지른 모든 일에 책임을 물으실 것이고, 그로 인해 하나님과 우리 자신과 다른 사람들이 치른 대가에 책임을 지게 하실 것이다. 또한 그렇게 대가를 치르게 한 책임도 물으실 것이다. 그동안 일으킨 모든 손해를 원상복구해서 손상을 입은 흔적이 남지 않게 하실 것이다. 다시 말해 하나님이 우리 죄를 다 갚으신다면 우리는 도무지 갚지 못할 빚을 떠안게 될 것이다.

나아가 죄는 하나님과 물리적 우주에 반영되어 있는 그분의 길과 성품과 속성과 본질에서 벗어나고자 하는 내적 욕망의 표현이다. 간단히 말해 죄는 하나님을 거부한다는 표현이다. 하나님과 완전히 정반대편에 서는 것이므로 죄의 필연적인 결말은 지옥뿐이다. 지옥은 하나님의 선하심과 은혜가 완전히 결여된 상태를 말한다. 하나님과 어떤 관계도 원하지 않는 것의 마땅한 대가는 지옥이다.

하나님이 우리의 죄를 따라 갚지 않으실 때 왜 우리가 복을 받는다고 하는지 알겠는가? 우리는 지옥의 형벌이라는 결과를 자초했지만 하나님이 개입하셔서 그 형벌을 모면하게 해주셨다. 우리는 형벌대신 하나님을 얻었다. 하나님이 우리를 용서하시는 이유는 죄악에 대한 진노보다 우리와 관계를 누리시고자 하는 열망이 더 강하기 때문이다. 그래서 우리가 그분에게서 끊어져 멸망하게 두지 않으시고 우리가 자초한 대가를 몸소 치르시는 방법을 선택하신 것이다. 자녀의 죄를 따라 갚지 않고 용서할 때 우리 역시 자녀에게 하나님과 동일한 메시지를 전할 수 있다.

그러나 용서하고 싶지 않을 때는 어떻게 해야 하는가? 도저히 용서할 마음이 생기지 않을 때는 어떻게 해야 하는가? 이미 최선을 다했다는 생각이 든다면, 일곱 번씩 일흔 번이라도 용서하라는 예수님의 유명한 권면을 충분히 순종했다는 생각이 든다면 어떻게 해야 하는가?

자기 자신에게 충격 요법을 쓰는 방법으로 시작하라. 자신이 얼마나 무서운 위험을 자초했는지 깨달아야 한다. 위와 같은 생각을 하는 순간 관계 맺는 일에서 하나님의 방식보다 더 나은 방법이 있다고 결정한 것이기 때문이다.

나아가 용서받는 것이 얼마나 달콤한지 이미 맛보았다는 사실을 확인해야 한다. 우리는 갚을 길이 없는 빚을 면제받았다. 이제 그 무엇도 하나님과 우리 사이를 가로막을 수 없음을 알고 있다. 이제까지 우리는 죄책감에서 벗어나 자유를 누리며 살았다. 이런 우리가 다른 누군가에게 이 경험을 맛보게 하지 않는다면 이상한 일 아니겠는가?

누군가를 용서하지 않는 순간 우리는 그동안 받았던 사랑을 악으로 갚게 된다. 즉, 죄를 짓는 것이다. 갚을 수 없는 빚이 또 생기는 것이다. 용서하기를 거부하는 순간 용서받을 사람은 이제 우리가 된다. 또다시 말이다.

다시 말해 우리는 자녀들 못지않게 용서가 절실히 필요해진다. 어쩌면 더 절실할지도 모른다. 자녀가 하나님의 형상에 대해 죄를 지었다면, 우리는 형상의 원형인 하나님께 맞섰기 때문이다. 그들이 우리의 자녀라면, 하나님은 우리의 부모가 되신다.

그럼에도 하나님은 여전히 마땅히 치러야 할 죄의 대가에 따라 우리를 처벌하지 않으신다. 그 이유는 무엇인가? 우리가 지은 죄의 대가를 다 치르지 않게 하심으로 우리와 교제하고 싶은 마음이 얼마나 큰지 알려주시기 위함이다. 그러니 가라. 죄를 따라 다 갚지 말아달라고 다시 한번 간청하고 하나님께 축복을 받으라. 그리고 그 복으로 다른 사람들, 특히 자녀에게 복을 나누어주라.

자녀가 완벽해지는 것을 목표로 삼지 말라.
대신 그들이 불완전함을 통해
완전한 사랑을 경험할 수 있도록 노력하라.
그런 사랑이 어떠한 것인지 맛볼수록
자녀는 하나님이 해주실 일을 기대하게 될 것이다.
아이가 말썽을 부리거나 문제를 일으킬 때
놀라서 물러서지 말라.
그들을 포용해서 그 순간을 적극적으로
받아들이겠다는 마음을 표현하라.

나가는 글

부모는
하나님의 확성기

우리는 하나님의 확성기다. 하나님의 형상으로 만들어진 우리는 이 땅에서 눈에 보이는 하나님의 대리자로서 말하기 때문에 종종 우리의 말은 생각보다 훨씬 멀리까지 퍼져나간다. 어쩔 수 없다. 엉뚱한 말을 할까 두려워서 말해야 할 때 말하지 않는다 해도 소용없다. 우리 침묵은 귀가 먹먹할 정도로 큰 소리를 내서 결국 주변 사람들에게 큰 피해를 입힐 것이다.

말은 강력하다. 인류 역사가 갓 시작되었을 때 뱀은 에덴동산에서 목소리를 이용해 인간의 마음에 의심과 불신의 씨를 뿌렸고 결국 관계의 파탄이라는 열매를 맺게 했다. 먼저 하나님과 맺은 관계가 훼손되고 이어서 모든 사람과 맺은 관계가 망가졌다. 아담과 하와 두 사람이 하나님을 배신한 후 아담이 하와를 비난하고 하와가 얼마 전까지 사이가 좋았던 뱀을 비난하는 일이 얼마나 순식간에 벌어졌는지 무서울 정도다. 죄는 관계를 망가뜨린다.

그러나 은혜는 완전히 다른 종류의 언어를 사용해 이들의 관계를 회복해준다. 하나님의 말씀은 은혜로 형성되는 관계를 맛보게 해준다. 그분의 말씀은 우리를 손짓하여 부르고 큰 소리로 외치며 간청하고 끝까지 우리를 포기하지 않는다. 이런 요청을 거부한다면 지극히 어리석은 일이다. 나아가 이 요청을 받고도 사람들에게 알리지 않는 것은 용납되기 어렵다.

어느 날 주일 오후, 예배를 마치고 집으로 들어간 나는 무언가 좋지 않은 일이 벌어졌다는 사실을 직감했다. 집안에 침울한 분위기가 감돌았다. 아내 샐리와 대니가 거실 소파에 나란히 앉아 있었는데 두 사람 다 입을 굳게 다물고 있었다. 대니가 천천히 자리에서 일어나더니 나를 향해 느릿느릿 걸어왔다. 고개를 푹 숙이고 한 번도 얼굴을 들지 않은 채 아무 말도 하지 않고 내 앞에 섰다.

"얘야. 무슨 일이니?" 나는 대니를 안아주려고 손을 내밀며 물었다.

"아빠가 아끼는 잔을 깨뜨렸어요." 웅얼거리며 말하는 아이의 목소리는 풀이 죽어 있었다.

아, 이제야 분위기가 왜 이렇게 침울한지 이해가 되었다. 그 찻잔은 오래전에 한국에서 가르쳤던 학생들에게 선물받은 것이었다. 정교한 장식과 동양의 독특한 아름다움이 돋보이는 찻잔이었다. 학생들이 초빙 교수에게 감사의 마음을 표현하려고 십시일반으로 준비한 특별한 선물이었다.

나는 이 잔을 하루도 빠짐없이 내 전용 잔으로 사용했다. 나는 어릴 때부터 매일 차를 마시며 자랐다. 게다가 아내가 영국인이라서 우리는 의식처럼 최소한 하루에 두 번 이상 차를 마셨다. 항상 각자가 좋아하는 컵을 사용했다. 그런데 이제 티타임 의식에서 더 이상 이 잔을 사용할 수 없게 된 것이다. 대니는 이런 일이 벌어져 너무나 속상해했다.

나는 대니를 달래려고 머리를 쓰다듬어주었고 아이에게 어떤 말을 해주어야 할지 고심하며 기회를 보았다. 개인적으로 복음에 그 자체의 리듬과 타이밍이 있다는 사실을 깨닫기까지 너무 오랜 시간이 걸렸다. 사람들이 우리를 상대적으로 편안하다고 생각할 때까지 말은 별다른 효력을 발휘하지 못한다. 아이가 다소 마음이 진정되자 나는 이렇게 말했다. "괜찮아. 그 찻잔이 아빠에게 특별한 것이지만 너는 훨씬 더 특별하고 소중해."

그러자 대니가 나에게 꼭 안겼고, 잠시 후 우리는 깨진 찻잔의 상태를 살피러 갔다. 찻잔은 더 이상 사용할 수 없을 정도로 부서져 있었다. 하지만 나는 깨진 찻잔을 아교로 붙여서 서가에 장식해두면 좋겠다고 말했다. 그러고 나서 우리는 모두 손을 씻고 점심

식사를 하러 자리에 앉았다. 여전히 분위기가 어색하고 서먹서먹했지만 나는 주일이면 으레 하는 질문으로 이런 분위기를 걷어내려고 대화를 시도했다. "자, 그럼 오늘 아침에는 예수님을 어떻게 만났니?"

대니가 마치 기다렸다는 듯이 "아빠를 통해서요"라고 대답했다.

나는 아이의 말을 듣고 어떻게 반응해야 할지 몰라 당혹스러웠다. 억지로 겸손한 척할까? 예수님과 동급인 것처럼 나를 봐주니 놀라야 할까? 아이의 말이 정확히 무슨 뜻인지 안다고 해야 하나? 그 말이 불편하니 아이의 마음을 모른 척할까?

어떤 반응을 선택해도 예수님이 나를 대하실 때처럼 서로 진솔한 관계를 이어가는 데 도움이 되지 않을 것이다. 그래서 아이의 말을 더 들어보는 것이 좋겠다는 생각이 들었다. 관계에 관한 하나님의 핸드북에 있는 조언을 빌려 다시 물었다. "그게 무슨 말이니?"

"그게요, 제가 아빠 잔을 깨뜨렸잖아요. 그런데도 아빠는 제게 화를 내지 않으셨어요. 그런 아빠 모습이 예수님과 비슷해서요"라고 대답했다.

"와, 영광인데! 하지만 아빠는 예수님과 비교조차 안 된다는 사실을 너도 알 거야. 네가 실수로 아빠 잔을 깨뜨렸지만 나는 화를 내지 않았어. 그런데 우리는 고의로 하나님의 세상을 망가뜨렸지. 그런데도 하나님은 우리를 구박하시거나 혼을 내지 않으셨단다."

이 말을 하고 우리는 모두 하나님의 놀라운 사랑이 이전보다 우리 안에 더 깊이 새겨질 수 있도록 침묵하며 그 사랑을 되새겼다.

이런 대화를 나눌 기회를 얻을 수 있다면 나는 기꺼이 내 잔을 깨뜨리거나 내게 있는 그 어떤 물건이라도 내놓을 수 있다. 하지만 사실 그럴 필요가 없다. 우리가 나누는 모든 대화와 관계는 우리 마음의 상태를 보여준다. 우리가 무엇을 가장 귀하게 생각하는지, 무엇이 우리를 지배하는지, 사람들을 대하는 우리 태도를 규정하는 것이 무엇인지 드러낸다. 그러므로 살아 있는 모든 날 매일매일 우리에게는 중요한 세 가지 사실을 말할 수 있는 평범한 기회가 찾아온다.

- "나는 이런 사람이야."
- "앞으로 나와 계속 이런 식으로 관계를 맺어갈 거야."
- "내가 아는 하나님을 이렇게 조금이나마 맛볼 수 있어."

이 메시지는 각각 다음과 같은 무언의 초청을 내포한다.

- "네가 생각하기에 나는 알고 지내도 좋을 만한 사람이니?"
- "이런 식의 우정을 계속 이어가고 싶다는 생각이 드니?"
- "내가 알아가고 있는 이 하나님을 너도 알고 싶니?"

우리가 어떤 메시지를 전달하는지는 너무나 중요하다. 이것을 무시하면 아주 큰 대가가 따른다. 슬프게도 당신과 마찬가지로 나 역시 지금까지 사람들이 나의 초청을 거부하고 외면할 수밖에 없는 말을 너무나 많이 해왔다.

감사한 점은 위대하신 구속주 하나님이 그리고 우리보다 훨씬 능숙하게 사람을 다루시는 하나님이 우리를 거부하시거나 외면하신 적이 결단코 없다는 것이다. 하나님은 또 다른 기회를 한없이 주시는 분이다. 우정의 관계로 우리를 초청하시며 우리에게 끊임없이 말을 걸어주시는 분이다. 주님과 맺은 이런 우정은 다른 사람들을 대하는 나의 태도 역시 변화시킬 수밖에 없다.

그 하나님이 당신을 초청하고 부르신다. 그분의 초청을 받아들이라. 그분의 우정을 가슴 깊이 들이마시고 당신이 경험한 하나님을 주변 사람들에게 한 번에 하나씩 나누어주라.